L’Arpeggione

J’AI LU

CHRISTINE CLERC | *ŒUVRES*

LE BONHEUR D'ÊTRE FRANÇAIS
DIMANCHE 16 MARS 1986
Histoire du premier gouvernement de la cohabitation
CHRONIQUE D'UN SEPTENNAT
L'ARPEGGIONE | *J'ai lu* 2513***

Christine Clerc

L'Arpeggione

Éditions J'ai lu

A Madeleine

1

— Mademoiselle Villesange ? C'est bien cela ? Une chambre pour une personne avec bains ?

La dame à permanente gris argent bleuté la considérait avec sympathie. Anne hésita. Elle ignorait que Claude lui avait réservé sa chambre d'hôtel sous son nom de jeune fille. Au marché, dans les boutiques et partout où elle allait sans Philippe, on l'appelait « mademoiselle ». Mais « Villesange »... Au bout de dix-huit ans, elle avait perdu l'habitude de se reconnaître dans ce nom qu'elle aimait. « Mademoiselle Villesange... » Surprise, elle faillit se retourner, comme si l'hôtelière s'adressait à quelqu'un d'autre. Elle se souvint d'avoir eu le même réflexe le jour de son mariage civil : quand le maire l'avait appelée pour la première fois de sa vie « madame », elle s'était retournée vers sa mère.

La dame lui tendit la clé.

— C'est au premier étage, au bout du couloir les trois marches à droite, puis à gauche, la deuxième porte.

Anne regarda sa grosse valise de cuir.

— Attendez, je vais appeler pour qu'on vous aide. Antoine ?

— Non, non, dit Anne. Ne vous dérangez pas, je peux très bien me débrouiller toute seule.

Elle empoigna sa valise et commença à grimper l'étroit escalier en la cognant à chaque marche. Comme elle était encombrée dans la vie ! Il lui faudrait apprendre à voyager léger. « Juste un baluchon sur l'épaule », à la manière de Claude.

Une légère odeur de renfermé imprégnait la chambre aux volets clos. Une armoire faussement rustique et un lit à deux places recouvert d'une molle étoffe jaune d'or dont le dessin en relief à vaguelettes lui fit penser à ces tapis de bains « home made » qu'adorent les Anglaises en occupaient tout l'espace. Mais la salle de bains neuve, équipée d'une vraie baignoire, lui plut. Elle poussa les volets et se pencha pour examiner la petite cour aux murs ocre dont le crépi partait en lambeaux. Une chaleur sèche l'enveloppa aussitôt. Au-dessus de sa tête, les toits découpaient un octogone de ciel bleu, tremblant de lumière. Elle referma les volets sur la pénombre et décida qu'elle serait bien dans cette chambre exiguë.

D'où lui venait pourtant cette lassitude qui lui coupait soudain les bras et les jambes ? La chaleur ? Mais à Paris, elle regrettait toujours la touffeur bordelaise de son enfance. Le cap de la quarantaine ? Ou l'angoisse ? Adolescente, déjà, durant les semaines précédant ses concours au Conservatoire, la fatigue l'écrasait. L'épreuve passée, elle revivait. Ce souvenir la rassura. Rapidement, pour se sentir installée et prête à « sauter à cheval » comme disait Claude, elle accrocha aux cintres dépareillés ses deux robes ainsi que les jupes et les chemisiers qu'elle prévoyait de mettre tous les jours pour travailler. Puis, elle disposa sur la table de chevet sa partition, son carnet de notes et son crayon à gomme soigneusement taillé. Après quoi, elle s'assit sur le lit, les reins calés par deux oreillers pour n'être pas tentée de se laisser glisser dans un demi-sommeil et, tendue comme à la veille de se présenter devant un jury, ouvrit la partition de *Don Carlos*.

Perduto ben, mio sol tesor,
Ah ! tu splendor di mia vita !
Udir almen ti poss'ancor

(« Amour perdu, mon seul trésor. Ô toi ! splendeur de ma vie ! Je puis au moins t'entendre encore... ») gémit l'infortuné Carlos.

Cependant, le « mademoiselle Villesange » cheminait en elle. Malgré sa volonté de se concentrer sur son travail, d'autres images se superposaient à celles de Don Carlos en pourpoint noir à crevés d'argent et d'Élisabeth en robe de velours brodée de perles.

Images de son enfance, quand son père la prenait par la main. Il avait des mains chaudes et sèches qui faisaient, lorsqu'il les frottait l'une contre l'autre, un bruit d'allumettes que l'on craque. Il l'emmenait au-delà de la voie ferrée Bordeaux-Cantenac voir les jeunes ceps plantés l'année d'avant au milieu des cailloux blancs de son nouveau domaine. Chaque fois, un petit caillou coupant s'insinuait dans sa sandale. On s'arrêtait, elle se déchaussait et remettait sa boucle avec l'aide patiente de son père. Quelques instants plus tard, penché sur les vignes bordées de rosiers rouges, il lui présentait, comme un joyau de prix, deux grains de raisin vert à la peau épaisse et poussiéreuse. Elle les recrachait avec une grimace. « Il leur manque encore six semaines de soleil, disait-il. Mais regarde comme les grains sont durs et pleins. »

Images de son adolescence : le grand escalier du Conservatoire, résonnant des « respire ! respire ! » lancés d'une voix terrible par le professeur de piano. Les couloirs au parquet lustré, la double porte à tambour ouvrant sur la salle jaune à haut plafond où elle avait tant souffert sur les suites pour violoncelle de Bach et tant aimé l'*Arpeggione* de Schubert... L'escalier du métro où elle craignait de fracasser son encombrant instrument, mal protégé par sa housse noire.

Comme la mémoire était sélective ! De cette période précédant son mariage, tout — couleurs, sons, odeurs — lui revenait avec une précision, une acuité inouïes. D'ailleurs, c'était hier : entre l'élève du Conservatoire indépendante et secrète et la conseillère musicale débutante d'aujourd'hui, le fil n'avait pas été rompu.

Anne se sentait profondément la même : à peine plus âgée, à peine consciente de son état de femme mariée. « Mademoiselle Villesange »... Par la seule magie de ce nom, la femme au foyer qu'elle incarnait depuis dix-huit ans s'éloignait d'elle, devenait une étrangère. Une espèce de brouillard cotonneux couvrait la plaine de son mariage. Comme si, pendant ces longues années, sa personnalité avait été en état d'hibernation. Comme si elle s'était glissée dans toutes sortes de rôles : épouse, maîtresse de maison, mère, vendeuse, accomplissant leurs gestes sans jamais s'impliquer vraiment dans aucun.

Mais elle se trompait si souvent sur elle-même ! Il suffisait d'une évocation — celle de Frédéric portant la valise de sa grand-mère sur le quai de la gare Montparnasse — pour lui faire venir les larmes aux yeux. « Petit homme », murmura-t-elle, attendrie. Elle revit son jean trop long, qu'elle n'avait pas eu le temps de raccourcir avant son départ. Elle entendit sa voix claire.

— Tu me téléphoneras, hein, maman, pour me dire quand ton opéra passe à la télé ?

La tendresse de Frédéric la bouleversait. Petit garçon, elle l'avait surpris un après-midi dans sa chambre, reniflant comme un jeune chat les deux oreillers. Son jeu favori était de reconnaître celui de sa mère à son parfum et de s'y enfouir avec délices avant de le remettre soigneusement à sa place. Non, il n'était pas juste de penser qu'elle ne faisait que « jouer » son rôle de mère. La maternité l'avait profondément transformée. Pendant trois années au moins, de la naissance de Pascaline à celle de Frédéric, elle s'était sentie si vulnérable, avec un tel besoin d'être protégée et cajolée par Philippe qu'elle en restait, longtemps après, marquée. Sans doute cette sensibilité à peine meurtrie lui eût-elle donné, si elle avait poursuivi sa carrière, la profondeur qui lui manquait à dix-huit ans pour devenir une grande musicienne.

Elle sortit de son portefeuille un bout de papier déposé par Frédéric sur son oreiller un mois avant : « Maman, même si tu pars très tôt demain matin, n'oublie pas de venir m'embrasser. »

Six heures. Il devait être remonté de la plage pour goûter. Elle allait l'appeler lorsqu'une sonnerie nasillarde la fit sursauter :

— Salut, ma belle. T'as pas eu de problèmes pour trouver un taxi ? Excuse-moi de ne pas être venue te chercher à la gare, mais j'ai eu toutes les emmerdes imaginables.

C'était Claude. La répétition étant fixée à vingt et une heures, elle lui donna rendez-vous à vingt heures à la pizzeria en face du Théâtre antique et raccrocha aussi sec. Anne ouvrait son calepin pour y chercher le numéro de l'hôtel de La Baule où sa mère séjournait avec Frédéric quand le téléphone la fit de nouveau sursauter.

— Anne ? (Claude la rappelait, toujours aussi pressée.) J'ai oublié de te dire de prendre un

K-Way. Ça peut te paraître incroyable, mais dès que le soleil est couché, si le mistral se lève, on gèle dans les arènes.

L'évocation de ces nuits de tempête en plein après-midi de canicule la fouetta. Avec une impatience fébrile, Anne reprit sa partition, coiffa son casque et brancha son Walkman pour écouter le « O Carlos Addio » d'Élisabeth. Tendresse de *Don Carlos*. Pendant des années, elle avait préféré *Rigoletto* et son déchirant « Figlia ! Figlia ! ». Elle découvrait maintenant en *Don Carlos* le plus douloureux des opéras de Verdi : douleur de Philippe II, qui n'est pas aimé. Douleur d'Élisabeth et Carlos, dont l'amour est crucifié par la raison d'État.

Addio, Addio, per sempre, mi amore

pleurait le ténor Bergonzi. Elle appuya sur la touche « retour » pour réécouter le duo entre l'homme marqué par le destin et la femme déchirée, mais forte. Le metteur en scène allait-il, dans cet ultime tête-à-tête, rapprocher Don Carlos et Élisabeth ? Ou bien, comme c'était maintenant la mode, les éloignerait-il l'un de l'autre pour mieux marquer aux yeux des spectateurs leur amour impossible ?

Elle augmenta le son afin de se laisser envahir par la plainte passionnée de la Tebaldi. Adolescente, elle avait tant rêvé de don total, de dépassement d'elle-même...

Mais si vite, l'habitude s'était installée entre Philippe et elle. Parfois, elle se demandait quel choc, quelle épreuve traversée en commun — la guerre, un accident grave, une maladie — aurait pu les arracher à leur confort et faire jaillir d'eux cet amour qui n'avait jamais pu éclore.

Depuis son mariage, elle continuait d'être attirée

par des hommes plus âgés. Cherchait-elle en eux quelque trait de son père ? Elle les trouvait moins obsédés par leur carrière, plus disponibles, plus attentifs que son mari. Plus tard, peut-être Philippe aimerait-il jouer les Pygmalion avec une fille qui n'aurait pas son regard exigeant et son ironie blessée. Elle essaya de l'imaginer amoureux, sans y parvenir. Étaient-ils donc tous les deux incapables d'aimer ?

Elle croyait avoir perdu ses illusions sur le grand amour comme on en voit à l'Opéra. Pourtant, il lui arrivait encore de rêver de brusques flambées. Ah ! tomber amoureuse ! Écrire et recevoir des lettres. Trembler quand le téléphone sonne. Trembler sur le quai d'une gare...

Pascaline ressentirait-elle un jour ces émotions ? A seize ans, sa fille la déconcertait totalement par un mélange d'indolence et d'arrogance où n'affleurait plus rien de la petite fille qu'elle appelait autrefois « ma câline ». Sa bouche dédaigneuse, sa façon provocante de passer ses doigts dans ses longs cheveux bouclés, de s'asseoir sur ses talons, reins cambrés, ou de marcher dans la rue, tout proclamait une conscience précoce du pouvoir de son corps. D'où lui venait ce mépris des jeunes gens qui lui faisaient la cour et de la plupart des hommes ? Elle les jaugeait sans pitié, épinglant au premier coup d'œil le détail — vestimentaire ou autre — qui les rendait ridicules. Était-ce sa façon de se protéger ? Une manière de pudeur ? Ou l'effet d'une déception tenue secrète ? Devant sa fille, Anne se sentait plus fragile. Elle eut envie de lui téléphoner en Angleterre. Mais Pascaline serait sûrement sortie. Elle essaya d'appeler Frédéric à La Baule. La chambre ne répondait pas. Sans réfléchir, elle composa le numéro du bureau de Philippe. La sonnerie retentit longuement avant qu'elle se souvienne qu'il devait se rendre à un cocktail à dix-neuf heures. Ponctuel comme elle le connaissait... Au reste, quelle importance. Elle l'appellerait plus tard dans la soirée. Ou demain matin.

Bien que prévisible, leur absence à tous les trois l'attrista. Déjà, ils se passaient d'elle.

Elle trouva la pizzeria, envahie par des gens de l'opéra et de la télévision. Très décontractés, ils se levaient, allaient d'une table à l'autre, rapprochaient deux tables et retournaient une chaise pour discuter en interpellant familièrement les serveuses aux bras chargés de bières. Anne eut un mouvement de recul. Elle se sentait étrangère à ce monde. Avec sa jupe droite, sa veste de tricot sur l'épaule et son sac en bandoulière, elle se trouvait soudain « da-dame » (« da-dame » était l'adjectif dont elle qualifiait le manteau de fourrure de sa belle-mère et, de façon plus générale, les dames à mocassins C, bijoux B, etc.). Elle détonnait. Tout le monde allait la remarquer. Demain, elle achèterait un jean. Elle s'apprêtait à faire demi-tour pour aller enfiler un pantalon quand elle reconnut Marianne qui bavardait avec un homme mince à barbiche à l'autre bout de la terrasse. La scripte l'aperçut à son tour et se souleva de sa chaise pour lui faire signe. D'un air faussement dégagé, Anne contourna les tables pour la rejoindre.

— Claude n'est pas là ?

— Si, si, elle arrive. Je l'ai laissée en grande discussion avec les flics. Ils veulent lui faire déplacer les deux cars vidéo sous prétexte qu'ils gênent l'accès aux arènes. Tu imagines comme elle leur a volé dans les plumes !

Le « tu » surprit Anne. Elle avait oublié qu'à la télévision tout le monde l'adoptait. Être tutoyée ne la gênait pas, mais devoir dire « tu » à des inconnus et les embrasser sur les deux joues...

L'homme à barbiche l'observait d'un air amusé sous ses fines lunettes.

— Tu connais Gilles Le Coz, bien sûr ? dit Marianne en lui touchant l'épaule. Anne Villesange.

Anne prononça un timide :

— Bonjour, ravie de vous connaître.

— Vous travaillez aussi pour la télévision ? s'enquit-il.

— Oui, je travaille avec Claude. Je suis conseiller musical.

— Conseiller musical ? Vous conseillez le chef d'orchestre et les chanteurs ?

Anne sourit.

— Non. Simplement la réalisatrice. Pour diriger les caméras, il faut anticiper tous les mouvements de l'orchestre. Cela exige de bien connaître la partition...

Avec sa silhouette mince vêtue de lin clair, Gilles Le Coz avait un faux air de précepteur tchékhovien aux yeux malicieux. Elle se demanda s'il se moquait d'elle ou s'il s'intéressait vraiment à son métier. Quel était donc le sien ? Elle aurait dû le connaître et elle entendait son nom pour la première fois. Elle nota qu'il tenait à la main un gros classeur.

— Ça m'intéresse beaucoup, assura-t-il. Passer, comme moi, du théâtre à l'opéra, c'est apprendre une nouvelle langue. L'étude du texte ne suffit plus. Pour bien comprendre le langage de la musique, on a besoin d'interprètes. Vous êtes musicienne ? Vous jouez d'un instrument ?

Elle hésita.

— Oui. Je suis... enfin, j'étais violoncelliste.

— Quel bel instrument. Quand pouvons-nous

poursuivre cette conversation ? Vous êtes libre pour prendre un verre après la répétition ?

— Après la répétition ? (Elle quêta l'approbation de Marianne.) Cela risque de faire tard. D'autant que je ne sais pas encore ce qui nous attend demain. Je débute, vous savez...

Il lui tendit la main.

— Alors, à plus tard ?

Claude venait d'arriver. Sans s'asseoir, sans même dire bonjour, elle commençait à raconter, tout essoufflée de colère :

— Je suis vraiment tombée sur le flic le plus con de tout Orange. J'ai beau lui expliquer que tous les ans, les cars stationnent au même endroit, il ne veut rien entendre. Les Chorégies, il ne connaît pas. Il a fallu que j'envoie chercher le directeur du festival...

Elle s'assit enfin, releva d'un geste rageur le col de sa chemise d'homme marquée à son chiffre (son unique coquetterie) et, tout en découpant l'énorme pizza que la serveuse venait d'apporter :

— Attendez, ce n'est pas tout. Yvon, le cadreur, qu'on attendait depuis deux jours, est enfin arrivé. Mais il vient de se taper quinze jours de Tour de France. Il n'a plus les yeux en face des trous. En plus, il ne connaît rien, strictement rien, à la musique.

Elle regarda Anne.

— Tu as de quoi noter, Anne ? Un carnet, un crayon, une gomme ? Et Diane qui arrive après-demain comme une fleur pour faire son magazine en direct le soir même ! Avec deux cadreurs hors jeu et une conseillère musicale que je connais à peine...

Anne rougit.

— Non, pas toi, Anne. Je parle de Marie-Christine, qui vient enregistrer le *Trio* de Schubert. Je te prendrais bien à sa place. Ce serait plus simple que de la faire descendre pour un direct de vingt-cinq minutes. Mais j'ai eu un « niet » de Mme Bauman : « Pas de cumul ! » A propos, vous ne savez pas la meilleure ? Elle prétendait m'interdire de faire le magazine de Diane. Il a fallu que Diane prenne son téléphone et se fâche en disant : « Ce sera Claude ou personne. » Mais la mère Bauman n'a pas dit son dernier mot.

Gisèle Bauman, officiellement « chef de production », tirait l'essentiel de son pouvoir de sa fonction de déléguée CGT. Anne se souvenait de lui avoir été présentée par Claude rue Cognacq-Jay. La cinquantaine, mince, sèche, aux cheveux décolorés coupés très court, Mme Bauman l'avait toisée de la tête aux pieds d'un air de dire : « Petite-bourgeoise, je vais t'apprendre la vie. » De fait, au lieu des six cents francs par jour promis par Claude, le contrat envoyé un mois plus tard par Mme Bauman ne stipulait que cinq cent cinquante francs. Anne l'avait pourtant signé sans rien dire, trop heureuse de voir son nom en toutes lettres sur un papier officiel de la télévision et convaincue, au fond, de ne pas mériter davantage.

Claude se leva pour réclamer des cafés. Anne la suivit des yeux, songeuse : que lui manquait-il pour être jolie ? Grande, mince, des traits réguliers, de superbes cheveux blonds qu'elle rejetait en arrière d'un geste machinal tout en relevant ses lunettes sur le front, Claude aurait pu être une de ces « Barbarella » dont les hommes raffolent. Mais il lui manquait une pointe de provocation ou encore cette grâce, cette fragilité — vraie ou fausse — que l'on appelle « féminité ». Quelque chose en elle avait dû se briser quand elle était petite fille. A moins que la fêlure, soigneusement dissimulée sous des allures de garçon manqué, ne fût survenue plus tard : pendant cette année de mariage dont elle ne parlait jamais.

C'est alors qu'elle vit Claude tomber littéralement dans les bras d'un garçon brun aux cheveux bouclés, pas très grand, mais que l'on remarquait de loin à cause de sa tenue. Sur son pantalon de toile blanche, il portait une drôle de chemise blanche à col Mao qui lui donnait un petit air de chef cuisinier. Après avoir serré Claude contre lui dans un grand élan joyeux, il lui prit la tête avec délicatesse entre ses deux mains incurvées, comme on cueille un oiseau blessé, une fleur à la tige brisée, ou la tête d'un petit enfant. Puis, il recula d'un pas pour mieux l'admirer.

— Ma Claude !

Anne devina plus qu'elle n'entendit leurs exclamations, mais un léger frisson lui parcourut la nuque et le cou. Un de ses oncles, autrefois — un célibataire séducteur dont elle avait été amoureuse —, lui prenait la tête de cette façon. Son père aussi. Quand il était fier de ses bonnes notes ou ému par son interprétation de l'*Arpeggione,* il la regardait comme cela dans les yeux et l'appelait « ma petite fille chérie ».

Depuis combien de temps ne s'était-elle pas sentie protégée et aimée ainsi ?

Claude revint à la table avec deux tasses de café qui débordaient dans les soucoupes. D'un ton qui se voulait complice, Anne lui lança :

— Qui est-ce, ce type beau comme un pâtre grec... ou un apprenti pâtissier ?

Claude fit mine de ne pas comprendre. Marianne, qui avait observé la scène, intervint :

— Mais oui, le garçon en blanc qui s'est jeté sur toi ?

Claude rit.

— Bruno ? C'est un vieux copain. C'est mon petit

frère, Bruno. C'est un bon, un très bon. Je suis vraiment contente de le retrouver. Il assiste François-Marie Denneval, le metteur en scène. Ce n'est pas drôle pour lui : Denneval est un petit pédé capricieux et prétentieux. Mais cela va nous faciliter la tâche. Travailler avec Bruno c'est un vrai bonheur.

Anne ne la reconnaissait pas. Claude, amoureuse ? Elle n'arrivait pas à le croire. Mais lorsque la réalisatrice lui eut présenté « Popounet », petit homme chauve et d'allure insignifiante, comme « le meilleur directeur photo de la télévision française » et « Laurel et Hardy » comme « les deux cadreurs les plus musiciens de la télévision française », elle comprit : à quelques minutes de la première répétition, Claude cherchait, à force de superlatifs, à exorciser l'angoisse.

2

La luminosité du Théâtre antique les surprit. Les gradins de pierre poreuse, qui avaient bu tout le jour le soleil, réfractaient une chaleur bienfaisante. Les deux jeunes femmes prirent place au centre, juste derrière la table de régie réservée au metteur en scène et au responsable des éclairages. Une fois assise, Anne se détendit. Elle avait eu l'impression, en pénétrant dans les arènes, d'entrer en scène. Elle s'apercevait qu'on ne la regardait pas. Soulagée, elle s'abandonna au bonheur d'être là. Dans la lumière dorée de fin d'après-midi, le fameux mur veillé par la statue d'Auguste lui parut encore plus beau que la nuit, éclairé de vert et de rose comme pour un spectacle « son et lumière ». La pierre ocre, tachetée de rouge, caressée par des flammèches noires et percée çà et là de trous, avait quelque chose d'humain. Tantôt protectrice, tantôt menaçante, une présence habitait ce mur, qui imposait d'abord le silence. On eût dit une poitrine d'homme blessé, percé de cent coups de lance et continuant cependant de faire face. Peu à peu, Anne se sentait gagnée par une sorte d'exaltation encore avivée par les appels, les vocalises que se lançaient de haut en bas des gradins, en signe de reconnaissance, les nouveaux arrivants. Toute à sa joie d'être admise en ce lieu non plus comme simple spectatrice mais comme participante, elle se surprit à vocaliser à son tour. Du sommet de la colline plantée de pins et d'oliviers où la nuit, pendant le spectacle, se profilaient des silhouettes de légionnaires, l'écho lui renvoya sa voix.

— Eh oui, fit Claude. Les Romains, pour le son, on n'a rien fait de mieux. Du dernier rang, ici, on entend Montserrat Caballé chanter un pianissimo sans micro... à condition qu'il n'y ait pas de mistral et qu'un avion ne passe pas à ce moment-là.

Claude lui expliqua son plan de travail.

— La scène est extrêmement large et Denneval en utilise toute la largeur. Son grand chic, c'est de balader ses chanteurs de cour à jardin et de jardin à cour. Il leur fait parcourir des kilomètres en chantant. Facile pour eux et pour nous ! Alors, j'ai installé ce travelling pour déplacer une caméra tout au long de la fosse d'orchestre.

Anne sortit son cahier d'écolière, nota les emplacements des caméras et posa l'une des questions qui lui trottaient dans la tête depuis qu'elle étudiait la partition dans la perspective de la mettre en images...

— Entre deux « plans serrés » sur les chanteurs, peut-on faire, par exemple, une image du ciel et des hirondelles ?

Claude écarta la suggestion d'une main péremptoire.

— Pas question. Il y a des réalisateurs qui aiment ce genre de fantaisie, moi je suis absolument contre. J'ai une règle absolue pour un spectacle dramatique : il faut garder le téléspectateur à l'intérieur du drame, à l'intérieur des personnages.

Tant d'inexpérience. Huit jours ne lui suffiraient pas pour apprendre les rudiments du métier. Mais voilà qu'autour d'elle montaient un bourdonnement confus, une fébrilité qui bientôt la gagnèrent. Les premiers rangs des gradins s'emplissaient d'une foule de techniciens et de conseillers. François-Marie Denneval prenait place à la table de régie, et à côté de lui l'assistant vêtu de blanc coiffé d'écouteurs.

Le jeune chef d'orchestre anglais, en blouson de nylon malgré la chaleur, escalada souplement son podium, leva le bras et, sans marquer le temps d'arrêt habituel pour imposer le silence, plongea brusquement, sa baguette en avant. D'un seul coup, les arènes basculèrent dans la nuit et le drame. L'impressionnante porte noire au centre du mur s'ouvrit lentement et Charles Quint apparut. Il portait sur son jean le haut d'une cuirasse. Sous la dictée de Claude, Anne écrivit : « Caméra I — porte royale — zoom avant sur les épaules de l'empereur quand on lui enlève sa cuirasse — plan large sur les moines qui lui passent le manteau à capuche. »

Elle apprenait à « regarder » autant qu'à « écouter » la musique. Profitant des interruptions et des retours en arrière imposés par le chef d'orchestre et le metteur en scène, elle s'amusait à noter avec une précision comique des détails de couleurs et de mise en scène auxquels elle n'aurait pas, quelques mois plus tôt, prêté la moindre attention. Elle comparait les attitudes des choristes en short : les uns, serrant pudiquement les genoux comme de grands garçonnets frileux, les autres, jambes écartées, ventre en avant, à la manière des ténors. Puis, elle commentait à voix basse avec Claude la mimique de Denneval qui n'en finissait pas de se lever, de s'asseoir et de nouer et dénouer autour de son cou une longue écharpe de cachemire bleu ciel assortie à ses yeux, avant de la jeter d'un air excédé sur son banc de pierre lorsque les chœurs ne se déplaçaient pas comme il le demandait. Le moment tant attendu était arrivé. Elle écrivait, écrivait, noircissant sa partition avec une application de débutante.

Aucun des chanteurs vedettes n'était encore présent. Pour les remplacer, Bruno, l'assistant, montait et descendait de la scène aux gradins à grandes enjambées souples. Parfois, il imitait lui-même leurs mimiques et leurs déplacements pour les cadreurs et les éclairagistes. Ou bien, il plaçait un figurant dans un cercle tracé à la craie. Vu de l'extérieur, ce spectacle sans cesse interrompu devait donner une impression extraordinaire de cafouillage et d'amateurisme. Mais pour Anne, il suffisait d'un chapeau ici, d'un pourpoint là, d'une voix, surtout — la voix de basse du choriste qui interprétait ce soir Philippe II d'Espagne — pour que le drame de Don Carlos se jouât vraiment sous ses yeux.

Dès les premiers accords, son esprit s'était délié. Une autre elle-même, libérée par la musique de Verdi, était maintenant à l'œuvre. Comme si elle avait étudié cette partition toute sa vie, un orchestre invisible, dirigé par une main mystérieuse et amie, s'élevait en elle, qui anticipait d'une fraction de seconde les mouvements de l'orchestre présent sous ses yeux. En imagination, elle donnait l'ordre aux caméras de se tourner vers le visage, la main, l'instrument précis d'où allait rejaillir la musique. Et chaque fois, elle éprouvait une joie enfantine de l'avoir devancée avec précision. Elle reconnut le sentiment qui l'animait autrefois lorsqu'elle avait longtemps travaillé une sonate et se voyait enfin sur le point de maîtriser son instrument. Quand arriva le moment le plus attendu — l'aria d'Élisabeth —, elle se sentait si légère que, pendant la brève pause qui suivit, elle ne craignit pas de faire une nouvelle suggestion à Claude.

— Cet échange, cette communion intense et si fragile à la fois entre la soprano et le chef, dit-elle dans un élan, comme j'aimerais les rendre perceptibles aux téléspectateurs. Ne pourrait-on imaginer, au lieu d'un gros plan sur le visage et la bouche d'Élisabeth (rien de tel qu'un plan serré sur une bouche ouverte pour tuer l'émotion !), que la caméra se pose d'abord sur le visage du chef d'orchestre, et suive ensuite le lent crescendo de son bras vers la soprano. Comprends-tu, je voudrais « voir »...

Claude la regarda, un peu surprise de son audace volubile.

— C'est une bonne idée, dit-elle.

Cinq jours plus tard, elles commençaient à travailler dans le car vidéo. Lorsqu'elle dut commander pour de bon les six caméras, Anne crut perdre pied. Connaître par cœur la partition et les moindres déplacements des chanteurs ne suffirait pas. Encore lui faudrait-il apprendre à jongler avec les images retransmises sur les douze écrans en donnant aux téléspectateurs l'impression que tout cela s'enchaînait en douceur, sans rupture de rythme ni de plan... Un tel exercice de virtuosité requérait des mois, voire des années d'entraînement... et sans doute une capacité d'adaptation qu'elle ne possédait plus. N'était-il pas trop tard pour apprendre ce métier ?

La veille, un incident l'avait pourtant rassurée : Claude enregistrait le *Trio* de Schubert pour le magazine de Diane Arlevitch avec Marie-Christine, la conseillère musicale tout exprès venue de Paris, quand l'une des caméras était tombée en panne. Anne, qui assistait à l'enregistrement en simple spectatrice, au fond de la cabine vidéo, avait alors vu sa consœur s'affoler.

— Top sur la deux, top sur la deux, continuait-elle à crier alors que c'était précisément la deux qui ne répondait plus.

La confusion devenait telle dans la cabine qu'on se serait cru à bord d'un voilier en pleine tempête. Mais tandis que, sur les écrans, les images chaviraient à toute vitesse, dans la tête d'Anne les ordres s'enchaînaient avec une précision qui l'étonnait : puisque la deux est en panne, il faut mettre la trois sur le piano puis... Elle se retint pour ne pas arracher le casque des oreilles de Marie-Christine. Avec le calme qui la caractérisait dès qu'elle pilotait son navire spatial, Claude avait alors rétabli la situation en pianotant avec une fascinante maîtrise sur le clavier de commande des caméras. L'instant d'après, Marie-Christine s'effondrait, en sanglots. A ce moment-là, Anne se dit avec une pointe de vanité : « J'aurais fait mieux. Et pourtant, je n'ai pas son expérience. »

Sur le coup, Claude s'abstint de tout commentaire. A la fin du *Trio,* seulement, elle posa la main sur l'épaule de Marie-Christine et, d'un ton apaisant :

— T'en fais pas. Un « blanc », ça arrive à tout le monde. C'est pour cela qu'on travaille en équipe.

Mais plus tard, comme Anne lui souhaitait bonne nuit sur le palier du premier étage de l'hôtel, Claude lui lança :

— Quel après-midi, hein ? J'aurais préféré t'avoir à côté de moi !

Les moments de réconfort allaient alterner ainsi avec les moments de tension : chaque soir, les répétitions commençaient à vingt et une heures. Vers une heure du matin, lorsqu'elles sortaient du car les yeux affolés comme des papillons de nuit et le dos douloureux, Claude tenait encore à faire le point autour d'un Viandox brûlant. A huit heures, quand Anne se réveillait après s'être levée plusieurs fois dans la nuit pour noter des mouvements de caméra qu'elle craignait d'oublier, l'anxiété lui nouait déjà l'estomac. Ce n'est qu'au soleil couchant, lorsqu'elle replongeait dans son univers d'images et de sons, que la bête familière consentait à la lâcher ; pour l'assaillir, plus cruellement encore, dans les moments périlleux. Entre-temps, la journée avait passé sans qu'elle fût capable de fixer sa pensée ni de se détendre. Elle s'étonnait de ne pas trouver le temps d'aller flâner au marché ou de se dorer au bord d'une piscine, comme elle l'imaginait, de Paris.

Au début, Philippe l'appelait chaque matin à huit heures trente précises. Il lui donnait des nouvelles des enfants : Pascaline se plaisait beaucoup dans son collège de York, mais visiblement elle parlait plus le français dans les discothèques que l'anglais dans la famille d'employés qui l'hébergeait comme « paying guest ». « La prochaine fois, suggérait-il, tu ferais mieux de lui organiser un échange. » Quant à Frédéric, sa grand-mère maternelle le gâtait trop. « Il n'a pas encore commencé ses devoirs de vacances. Tu devrais intervenir auprès de ta mère. L'été prochain, il faudra que tu t'en occupes de plus près... Enfin ! concluait-il, tu es contente ? Tu t'amuses bien ? Profites-en. A Paris, il fait une chaleur intenable. »

Au troisième « tu t'amuses bien ? » Anne avait raccroché, plus peinée à dire vrai qu'excédée.

Le soir même, elle trouvait dans son casier un message : « Votre mari a appelé. » Elle laissa passer deux ou trois jours, puis se décida un matin vers neuf heures trente. Comme prévu, M. Lemonnier était « en conférence ». Pouvait-il la rappeler, s'enquit la secrétaire, « dans l'heure suivante » ?

Anne assura que oui et descendit aussitôt s'installer avec sa partition et son cahier de notes au café des Platanes où l'on ne pourrait pas la joindre. Philippe y parvint pourtant le lendemain en la réveillant. Dans un demi-sommeil, elle reconnut sa voix soucieuse des grands jours : on parlait de plus en plus d'un changement de gouvernement avant la fin juillet. Dans ce cas, « bien évidemment », il serait obligé de retarder ses vacances. Il ne pouvait pas partir sans avoir soumis au nouveau ministre de l'Industrie son plan de restructuration.

— Cela risque d'être difficile pour moi de te rejoindre à Orange, conclut-il, sincèrement désolé. Mais je viendrai plus tard, quand tu seras installée à Aix. Et toi ? Entre Orange et Aix, ne pourrais-tu pas remonter pour quelques jours ? C'est si rare d'être seuls à Paris sans les enfants.

Cette requête inattendue la troubla. Pour la première fois, Philippe ne lui parlait pas en patron, du ton de l'homme habitué à décider. L'espace d'une seconde, une faille avait même été sensible dans sa voix. Mais la perspective de passer deux jours en tête à tête avec son mari (au fait, depuis combien de temps évitaient-ils de se retrouver sans enfants ni amis ?) la faisait reculer. Chaque fois, depuis son arrivée à Orange, qu'elle se sentait seule ou découragée, ce n'était pas à Philippe qu'elle pensait. Son regard, sa voix, ses bras ne lui manquaient pas, mais plutôt ceux de Frédéric. Brusquement, elle se reprocha de ne pas avoir appelé son fils depuis trois jours. Elle éprouvait un désir impérieux de l'embrasser.

Avant de partir, elle s'était renseignée : il existait des vols Marignane-Nantes pour mille quatre cents francs aller-retour. Cela ne lui avait pas paru très cher. Mais elle calculait maintenant que cette somme représentait pour elle trois jours de travail.

En une semaine, elle avait pris l'habitude de mesurer ses dépenses non plus en fonction de son train de vie d'épouse de Philippe Lemonnier, mais selon le salaire quotidien d'Anne Villesange, simple pigiste à Antenne 4. Cette escapade à La Baule n'était pas raisonnable. Mais sentir les bras de Frédéric autour de son cou, entendre sa voix joyeuse, quel réconfort. Tandis qu'avec Philippe, un tête-à-tête représentait plutôt une épreuve. Remonter à Paris serait pour elle un véritable arrachement. Elle dut s'avouer qu'il y avait de bons moments à Orange. On vivait en famille, se retrouvant à déjeuner et à dîner dans les quelques bistrots entre la mairie et les arènes. Anne connaissait maintenant tout le monde : les membres des équipes de télévision, mais aussi les journalistes qui suivaient les répétitions, les techniciens, le metteur en scène et ses assistants. Elle se sentait différente par sa façon de parler et de s'habiller et par ses réactions — qu'elle qualifiait elle-même, ironiquement, de « bourgeoises ». Mais elle ne se sentait plus une étrangère. Elle apprenait à mesurer la qualité professionnelle de ceux — cadreurs, éclairagistes ou techniciens du son — dont le métier (qu'ils exerçaient d'ailleurs avec une apparente négligence) lui avait paru d'abord s'apparenter à une simple tâche d'OS. Elle évaluait mieux, aussi, sa propre valeur. Les premiers jours, elle était passée d'un extrême à l'autre : ou bien elle se jugeait « nulle », incapable de s'initier à une technique moderne complexe. Ou bien elle considérait tous ceux qui l'entouraient comme totalement dépourvus de culture musicale et d'oreille. Si la perspective de retransmettre un concert en direct continuait de l'effrayer, elle parvenait désormais à prendre du recul et à se noter comme un professeur : « Élève douée, possède de remarquables connaissances musicales, mais a encore beaucoup à apprendre sur le plan technique ».

Elle aimait cette fièvre qui, chaque soir, s'emparait d'elle au moment où le chef montait à son pupitre. Elle se prenait même à aimer la cabine de son car, ses écrans et ses boutons... « Mon royaume », disait-elle avec le sentiment grisant d'être à la fois manipulateur tout-puissant et voyeur indiscret. Pendant les quelques minutes d'attente précédant le début des répétitions elle jouait, avec la complicité des cadreurs, à balader les caméras, surprenait deux violoncellistes en train d'échauffer leurs doigts, ordonnait un gros plan sur les mimiques caricaturales du metteur en scène et du décorateur (en constant désaccord) ou se plaisait à suivre, des gradins à la scène et de la scène aux gradins, la silhouette blanche de Bruno.

Comme elle aimait apprendre ! Elle s'enchantait de sentir les rouages de son cerveau se remettre en marche et découvrait combien sa vision du monde, y compris du seul monde qu'elle croyait vraiment connaître — celui de la musique —, était étriquée.

Un soir, à l'heure du Viandox brûlant, elle eut avec Claude et Bruno une passionnante discussion. Claude ironisait sur la rose géante dont le décorateur avait voulu orner le cabinet de Philippe II :

— Tu l'imagines, ce vieux roi d'Espagne tellement sinistre chantant : « L'important c'est la rose » ?

Bruno l'interrompit.

— Justement, oui, expliqua-t-il gravement. Pour moi, Philippe est le personnage le plus sensible, le plus douloureux de cet opéra. On a tort, le plus souvent, de ne s'intéresser qu'aux deux premiers rôles. Relis donc son monologue du début de l'acte IV.

Et, tout en fixant Claude qui continuait de

sourire, le jeune homme récita le monologue de Philippe :

Elle ne m'a jamais aimé !
Non, ce cœur me demeure fermé,
Elle n'éprouve pour moi aucun amour.
Je la revois encore
Regarder de ses yeux tristes
Mes cheveux blancs, le jour
Où elle est arrivée de France.
Non, elle n'éprouve pour moi aucun amour,
Elle n'éprouve pour moi aucun amour.
(Se reprenant)
Où suis-je ?
Ces candélabres sont près de s'éteindre !
L'aurore blanchit ma fenêtre,
Déjà le jour se lève !
Je vois lentement passer mes jours.
Le sommeil, ô Dieu,
A fui mes yeux battus.
Je ne pourrai dormir, revêtu de ma pourpre royale,
Que lorsque je serai au terme de mon voyage,
Je ne pourrai dormir que sous la voûte noire,
Là-bas, dans le caveau de l'Escurial.
Si seulement la couronne royale pouvait me donner le pouvoir
De lire dans les cœurs que Dieu seul,
Dieu seul peut contempler...

— Le pouvoir de lire dans les cœurs... répéta-t-il, rêveur, tandis que Claude, émue malgré elle, applaudissait.

Anne se souvenait d'avoir alors souri « bêtement ».

L'espèce de connivence qui liait Claude et Bruno l'intriguait. De toute la bande, Bruno était le seul avec qui son amie n'eût pas de rapports de force.

Devant aucun homme, même d'un niveau de responsabilité plus élevé, la réalisatrice ne se montrait aussi respectueuse. Oui, respectueuse. Quand elle parlait de Bruno, Claude perdait le ton sarcastique qu'elle réservait aux « mecs ». A quoi tenait donc le pouvoir du jeune metteur en scène ? A ses gestes et à son regard. Bruno ne manquait jamais d'établir un contact physique avec les gens. Il prenait Claude par l'épaule d'un geste protecteur. Et si quelqu'un se joignait à eux, il ne s'écoulait pas une minute sans qu'il eût pour ainsi dire « pris possession » du nouveau venu — ou de la nouvelle venue — en accrochant son regard et en lui touchant l'avant-bras ou la main. Cet échange ne durait qu'une fraction de seconde mais cela suffisait pour laisser, longtemps après, une trace singulière.

Dès le premier soir Anne s'était sentie percée à jour. Elle avait rougi. Puis, soutenir le regard de Bruno devint un jeu. Elle découvrit du même coup que les gens, dans la vie, ne se regardent pas. Ou si peu : leurs yeux se fuient.

Claude aimait prolonger ces moments de détente jusqu'à une heure avancée. Quand tout le monde faisait mine de se lever pour aller se coucher, elle réclamait, après le Viandox, un whisky. Redoutait-elle tant de se retrouver seule dans sa chambre d'hôtel ? Ou bien jugeait-elle nécessaires ces longues veillées afin, comme le remarquait son assistant, Jean-Claude, de « garder son petit monde bien en main » ?

Anne s'étonnait à la fois du goût du pouvoir que manifestait Claude — jusque dans sa façon de faire de ceux qui l'approchaient ses protégés et ses obligés — et de l'extrême vulnérabilité qu'elle laissait parfois deviner. Un jour qu'un journaliste était venu s'asseoir à leur table pour confier, la mine défaite (mais en s'assurant du coin de l'œil qu'Anne écoutait) : « Je suis triste. Ça fait au moins six mois que je ne suis pas tombé amoureux. Tu ne peux pas savoir comme ça me manque... », Claude avait laissé échapper : « Et moi, ça fait au moins six ans, mon vieux », avant d'ajouter, d'un ton volontairement badin : « Eh bien, tu vois, je survis. Je n'ai même jamais été aussi en forme. Crois-moi, on se porte beaucoup mieux quand on a appris à s'en passer... »

Un soir, ils montèrent dîner dans un village à une vingtaine de kilomètres d'Orange. Au retour, quand Bruno les eut déposées toutes les deux à leur hôtel, Anne risqua cette question :

— Comment vit-il, Bruno ? Il a une petite amie ?

En réalité, elle connaissait déjà la réponse. Cette jeune journaliste blonde à l'allure de mannequin qui assistait à toutes les répétitions... Ne venait-elle pas uniquement pour Bruno ? A moins que le premier violon, Alexis Vouglievich... Une fois, elle se souvenait de les avoir vus parler ensemble : Bruno, campé sur ses semelles souples avec une vigueur de félin prêt à bondir. Alexis, posé sur une jambe avec un déhanchement faussement indolent, la main gauche tenant son violon, la droite balayant d'un geste élégant les mèches grises qui lui tombaient sur le front. La grâce et l'harmonie qui émanaient de leur couple l'avaient frappée.

— Comment vit Bruno ?

Claude avait ri.

— Oh, Bruno ?... (Son geste ample disait : « Le monde est vaste. Hommes, femmes, Bruno cueille tout ce qui le séduit. »)

Anne n'insista pas. Mais le lendemain, comme une des caméras accrochait de nouveau la silhouette blanche de l'assistant et suivait ses enjambées souples, Marianne, la scripte, réveilla sa curiosité : divorcé après un an de mariage, Bruno, lui révéla-t-elle, avait une petite fille de trois ans. « Une petite fille ? » Anne hésitait à imaginer Bruno en père. Mais cette vision, soudain, le lui rendait plus proche.

On ne répétait pas le dimanche. Seule une présentation de costumes était prévue juste après déjeuner. Claude, ayant accepté une invitation pour deux jours dans le Luberon, ne comptait pas y assister. Elle offrit à Anne de prendre son week-end jusqu'au lundi soir. Anne refusa : il lui semblait que toute rupture de rythme, tout effort pour changer de personnage pomperait un peu de la précieuse énergie qu'elle voulait garder intacte pour le soir de la représentation. Claude insista pour qu'elle vînt au moins passer quelques heures au bord de la piscine de ses amis. Mais rien n'y fit : Anne se persuadait que cette présentation lui apporterait quelque chose d'indispensable à sa formation. Pourquoi ne pas se l'avouer aussi ? Le Théâtre antique lui manquerait. Elle avait pris l'habitude de s'y rendre après son petit déjeuner. Le spectacle de la vaste conque l'apaisait, comme autrefois celui de la plage de La Baule, déserte au matin. Pourtant, il y avait des jours où l'hôtel César, avec ses fauteuils de skaï, ses plantes vertes en plastique poussiéreux dans le hall et ses chambres étouffantes, lui paraissait sinistre. Mais, d'une certaine façon, elle y avait fait son nid. Devenait-elle casanière ? Elle savait bien que non : seule la volonté de réussir sa rentrée dans l'univers de la musique lui redonnait le goût d'une discipline monacale. Mais tant de choses germaient en elle, qui annonçaient un nouveau printemps !

A quatorze heures précises, ce dimanche-là, elle franchit donc les barrières métalliques qui fermaient l'accès au Théâtre avec la même joyeuse impatience que petite fille, lorsque son père l'emmenait au cirque. Une effervescence de « générale » régnait dans les coulisses écrasées de soleil. Bruno passait d'une cabine à l'autre pour vérifier que les pages n'avaient oublié ni leurs chapeaux ni leurs jarretières (la veille, leurs bas tombaient en accordéon). A tous, il répétait l'ordre exact de présentation des costumes. En apercevant Anne, ses yeux bruns s'éclairèrent. Il vint à sa rencontre et la prit affectueusement par l'épaule — « comme Claude », songea-t-elle avec un curieux plaisir mêlé d'agacement. Pour la faire rire, Bruno lui raconta le dernier incident : Maria Gonzales avait apporté ses propres robes — conçues pour le Metropolitan Opera de New York — et elle refusait tout net d'essayer les costumes, loués fort cher à la Scala de Milan. Le décorateur en faisait une affaire d'État...

Anne monta s'installer dans les gradins, se régalant par avance des petits drames auxquels elle allait assister. Or, tout se passa bien. Curieusement, François-Marie Denneval semblait plus sensible aux détails — un gant porté de la main droite ou un capuchon de moine relevé à l'exacte ligne du front — qu'à l'harmonie de l'ensemble. Elle fut déçue. Au soleil de l'après-midi, sans les éclairages qui habillaient le théâtre d'un mystérieux halo cuivré, le décor plaqué sur la pierre blonde paraissait criard et les costumes, désespérément fades. Mais tout le monde semblait content et pressé de retrouver les parents et amis, exceptionnellement admis dans les arènes. L'affaire fut vite expédiée, dans la bonne humeur.

Quand Bruno revint s'asseoir à la table de régie pour assister au salut final des artistes, une petite fille blonde en robe blanche s'échappa des bras d'une dame grisonnante et descendit vers lui en s'asseyant sur chaque marche avant de se laisser glisser jusqu'à la marche inférieure. Bruno l'empoigna sous les bras, lui appliqua un baiser sonore sur les deux joues et la hissa sur ses épaules pour descendre à grandes enjambées, « hop, hop », jusqu'en bas. La petite fille riait aux éclats. Alors, au même rythme, Bruno remonta jusqu'au gradin où l'attendait, l'air un peu inquiet, la dame qu'Anne supposa être sa mère. A peine arrivé, il se déchargea de son charmant fardeau avec un grand « ouf » et s'allongea de tout son long sur le dos.

— Encore, encore, réclama la petite fille.

— Non, je ne peux plus, je suis mort. Tiens, fais comme moi, allonge-toi sur le dos, tu vas voir comme c'est chaud. On se croirait sur les rochers de Cassis. Tiens, écoute : tu entends la mer ?

Anne s'était retournée pour suivre la scène. Au bout d'un moment, elle demanda :

— C'est à toi, cette petite fille ?

— Oui.

— Comment s'appelle-t-elle ?

— Aurélia. Aurélia, dis bonjour.

La petite se laissa glisser vers Anne, sans timidité aucune. Elle avait des cheveux bouclés comme Frédéric à son âge, mais d'un blond presque platine. La mère devait être très blonde. Mannequin. Ou plutôt actrice. Ou chanteuse, anglo-saxonne ou nordique. Les grands yeux noirs, en revanche, les sourcils sombres qui se rejoignaient presque au-dessus du nez et la bouche à la lèvre supérieure retroussée sur une canine gauche gourmande appartenaient à Bruno. Anne tendit une main presque craintive vers la naissance du cou, rose tendre sous les boucles. Une telle douceur de peau l'enchantait. Pascaline bébé, était-ce déjà si loin ?

Quand elle se fut laissé embrasser avec l'aisance d'une habituée, Aurélia remonta vers son père, grimpa sur lui sans ménagement et s'allongea sur sa poitrine. Puis, après avoir fait semblant de dormir quelques secondes l'oreille collée sur son cœur, elle entreprit de lui déboutonner sa chemise pour reposer plus commodément sa joue sur la peau nue. Bruno fit mine de protester. « Laisse-toi faire », gronda-t-elle. Entre l'étoffe blanche et les petites mains joueuses de l'enfant, Anne entrevit une poitrine lisse, bronzée et bombée — « comme un bouclier ».

A quatre heures, après avoir installé sa mère et sa fille à la terrasse d'un glacier, Bruno proposa de la raccompagner à moto. Anne hésita.

— L'hôtel est à deux pas, crut-elle honnête de rappeler.

Il la prit par la main. En silence, ils longèrent les ruelles étouffantes et débouchèrent sur la place du Commerce, déserte sous le soleil. Là, comme s'ils craignaient d'être foudroyés, ils marquèrent un temps d'arrêt. Anne entendait ses tempes battre. La main du jeune homme était chaude et sèche. Elle lui laissa la sienne encore un instant, puis la retira en douceur en lui posant une ou deux questions anodines à propos d'Aurélia. La petite fille passait quinze jours à Cassis avec sa grand-mère. Bruno descendait les voir chaque fois que les répétitions lui en laissaient le temps. Anne dit un mot de Pascaline et Frédéric. Il eut l'air étonné d'apprendre leur âge.

— Depuis combien de temps es-tu donc mariée ? lui demanda-t-il.

— Cela fera bientôt dix-huit ans.

— Villesange... c'est ton nom de femme mariée ou de jeune fille ?

— De jeune fille.

— Ah, fit-il soulagé.

— Je n'aime pas mon nom de femme mariée, ajouta-t-elle.

Elle s'interrompit, soudain gênée par cet aveu qu'elle se faisait pour la première fois à voix haute. Lemonnier... Même au début, quand elle prenait encore plaisir à s'entendre appeler « madame », elle n'avait jamais vraiment accepté son nouveau nom. Villesange était tellement plus élégant. Villesange lui allait bien. Tandis que Lemonnier...

Bruno la scrutait avec douceur, comme pour l'encourager à poursuivre.

— Et toi, dit-elle brusquement, tu as été marié combien de temps ?

— Deux ans. Juste pour cette petite fille. Sa mère n'en voulait pas.

Ils se turent, lourds de ces premiers secrets partagés.

Sur le seuil de l'hôtel, il fallut enfin se séparer. Bruno jeta un regard soupçonneux à travers la porte vitrée, vers le hall sombre.

— Claude aurait dû louer une maison avec un jardin, soupira-t-il. C'est tout de même plus agréable.

Il la regarda.

— Où prends-tu ton petit déjeuner ? Ici ?

— Non, sur la place. A la terrasse du café.

Il parut satisfait.

— Du thé ou du café ?

Anne se sentit troublée comme par une question indiscrète.

— Ça dépend, répondit-elle seulement.

Le lendemain matin à la terrasse du café des Platanes, elle s'aperçut qu'elle étudiait sa pose dans l'espoir inavoué d'être observée. Bruno ne vint pas. Son troisième café avalé à petits coups, Anne monta à regret dans la voiture que lui avait laissée Claude et prit la route du Luberon. En passant devant le Théâtre antique, elle se demanda si Bruno était déjà allongé avec sa petite fille sur les rochers plats de Cassis.

3

Trois jours avant la générale, Denneval les convia à un déjeuner en l'honneur de la diva, Maria Gonzales.

Sa villa, louée à un médecin, se trouvait à deux kilomètres d'Orange. Deux lions de pierre tout neufs en gardaient orgueilleusement la grille.

— Attention, fit Claude, on arrive chez un notable.

Elle ralentit pour engager la voiture dans l'allée. Sous les cannisses à côté de la maison, Anne repéra aussitôt la moto de Bruno. La vue de cette machine au repos avec sa roue avant couchée sur le côté la troubla presque autant que si, poussant par mégarde la porte de l'une des chambres toutes proches, elle avait surpris le jeune homme endormi. « J'ai le trac, se dit-elle. » Mais déjà, Claude l'entraînait d'un pas décidé vers la maison à crépi jaune dont une porte était grande ouverte. Les deux jeunes femmes traversèrent une opulente cuisine à placards de chêne massif et écrans de verre fumé et débouchèrent sur une terrasse blanche de soleil. De dos, rien qu'à sa façon de s'accroupir au bord de la piscine puis de se relever souplement en traînant une espèce de gros câble bleu qui faisait bouillonner l'eau turquoise, elle le reconnut. Elle s'immobilisa, craignant de le surprendre. Satinées par le soleil, ses épaules scintillant de gouttelettes d'eau dégageaient une impression de force animale plus vive encore que sous les plis de sa chemise blanche, lorsqu'il gravissait les gradins. A la naissance des fesses, juste au-dessus de la ceinture du short, deux fossettes, comme l'empreinte de deux doigts...

— Bruno, appela Claude.

— Salut !

Lâchant son aspirateur, il monta à leur rencontre en s'essuyant les mains sur les hanches de son short rouge délavé. Son sourire le faisait ressembler à un pêcheur de perles. La fraîcheur de ses mains, à travers l'étoffe légère de la robe bain de soleil qu'elle portait sans soutien-gorge, la troubla. Anne se sentit rougir.

L'arrivée de Jackie, le mince assistant décorateur, les bras chargés d'un plateau de petit déjeuner qu'il rapportait précautionneusement de l'autre bout de la terrasse, la tira heureusement d'affaire. Denneval le suivait. Tous deux portaient le même bikini noir moulant le sexe. Mais si le jeune décorateur exhibait un ventre plat et bronzé pour photo publicitaire, Anne eut un mouvement de recul à la vue du corps blanc et gras, éclairé de poils roux du metteur en scène. Denneval ne parut pas s'en apercevoir. S'exclamant qu'il était ravi de les recevoir, il entreprit, avec son rire de chat écorché, de leur faire les honneurs de la maison. Celle-ci offrait un mélange de rustique et de « grand style », de mièvrerie et de clins d'œil égrillards, qui révélait, de façon extraordinairement impudique, la vanité et les rêves secrets des bourgeois gentilshommes qui l'avaient fait construire. Pendant des mois, sans doute se vanteraient-ils de l'avoir louée à de « grands artistes ».

Le salon où des fauteuils de cuir encadraient une console de marbre à pieds de fer forgé doré, s'ornait d'une imposante cheminée médiévale. La petite troupe gagna le vestibule. Le metteur en scène poussa une porte sur laquelle une plaque de faïence indiquait en lettres anglaises « water-closets ». Une série de dessins japonais sur les positions de l'amour fut le prétexte à un numéro que l'on devinait bien rodé sur les propriétaires. Anne fut reconnaissante à Bruno de rester silencieux. Il la précéda le long du couloir qui menait aux chambres. La première, bleu pâle à motifs Louis XVI, convenait à François-Marie. Un tableau représentant des femmes nues dans une lumière rose, vague copie du *Bain turc* d'Ingres, faisait face au crucifix d'ivoire accroché au-dessus du grand lit défait. La chambre de Bruno était la dernière. Anne s'arrêta sur le seuil, cherchant des yeux des vêtements épars, un réveil, une photo, un signe enfin qui lui révélerait un peu son intimité. A l'exception du grand sac de voyage posé sur le coffre peint de fleurs naïves, elle fut surprise de n'en trouver aucun. Le lit en merisier à col-de-cygne, un vrai lit de jeune fille aux draps candidement bordés, était intact. « Il n'a pas dû dormir ici », se dit-elle. Comme s'il voulait couper court à toute interrogation railleuse, Bruno lança gaiement :

— Vous avez apporté vos maillots de bain, j'espère ? Vous avez une minute pour me retrouver dans l'eau.

Il referma la porte, les laissant seules. Claude, qui avait déjà son maillot de bain sur elle, fut tout de suite dehors. Anne mit du temps à se déshabiller et à enfiler son deux-pièces. Une fois prête, elle s'examina de face et de profil dans le miroir de la coiffeuse. La ceinture élastique de sa robe lui marquait la taille de stries disgracieuses. Pour les cacher, elle s'enroula dans son paréo. Enfin, après une grande inspiration pour gonfler les poumons et rentrer le ventre, elle se résolut à descendre. Assis au bord de la piscine, les jambes dans l'eau, Bruno, Claude et François-Marie échangeaient des réflexions désabusées sur les divas.

— Il faudrait au moins quinze jours de répétitions pour faire du travail sérieux, disait Denneval. Or, à quatre jours de la générale, aucun des grands n'est là. Sauf Maria.

Il soupira, excédé.

— En principe, elle vient déjeuner. Elle, au moins, on ne peut pas lui reprocher un manque de conscience professionnelle. Tandis que les autres ! Quand on pense qu'un type comme José Lorenzi se fait douze briques par soirée — douze briques officiellement ! Et pour ce prix-là, il ne daigne arriver que l'avant-veille de la générale... Franchement, je trouve ça scandaleux. Et nous, pauvres cons, qui ne gagnons pas en six mois ce qu'ils gagnent en un soir, nous sommes là à les attendre ! Après cela, on dira : « La mise en scène est bâclée. M. Denneval s'est montré incapable de diriger ses chanteurs... »

Comme chaque fois qu'il parlait argent — un sujet qui semblait le complexer plus encore que sa petite taille —, la voix pointue de Denneval écorchait les oreilles. Anne dut pourtant convenir qu'il avait raison.

— Le problème, observa Bruno, c'est qu'on ne fabrique pas assez de chanteurs pour répondre à la demande. Alors, ils finissent tous par faire des exercices d'équilibristes. Et les voix craquent...

Elle approcha à pas furtifs. Sans bruit, elle se glissa dans l'eau et rejoignit à longues brasses coulées l'autre bout de la piscine. Puis elle se hissa sur le bord.

— C'est pas sympa de se baigner toute seule en douce ! lui lança Claude. Moi qui t'attendais !

— Mauvais prétexte. Je me baigne avec toi, si tu veux.

Enhardie par son premier bain, elle plongea. Bruno l'avait devancée. Leurs jambes se frôlèrent dans l'eau en se croisant et quand il émergea, les cheveux plaqués sur le front puis rejetés d'une secousse en arrière, il souriait d'un air radieux, les narines dilatées comme s'il avait voulu aspirer d'un seul coup tout l'air, toute la chaleur et toute la vie de cette journée. D'un crawl vigoureux, il attaqua la surface de l'eau turquoise et fit deux aller et retour. Anne l'imita à son rythme, lent et régulier. Tous deux se hissèrent côte à côte, ruisselants et haletants, à quelques mètres de François-Marie qui fronçait le nez de peur d'être mouillé. Ils restèrent ainsi, les pieds dans l'eau, à contempler les cadavres de guêpes qui jonchaient la surface de la piscine.

— Ce sont les lavandes, dit Bruno. C'est une jolie idée, à première vue, d'en planter près de la piscine. Mais elles attirent les guêpes. Il faut faire attention. Tu n'es pas sensible aux piqûres, j'espère ?

— Si, dit Anne, très. J'ai une peau sensible. Je peux faire des allergies très violentes.

Il tourna vers elle son visage hâlé.

— Tu as une très jolie peau, dit-il, en regardant ses épaules.

Elle rougit sans répondre. Il n'ajouta rien et elle commençait à se demander comment relancer la conversation avec naturel lorsque Jackie, balayant le sol d'un coup de chapeau imaginaire, annonça d'une voix solennelle l'arrivée de Maria Gonzales.

Suivie d'un petit homme pâle en pantalon ciel et mocassins blancs qui portait son grand sac de plage, la diva, vêtue d'une ample djellaba, fit son entrée sur la terrasse.

— Maria ! s'exclama François-Marie en s'inclinant cérémonieusement pour lui baiser les deux mains. Quel honneur tu me fais en venant dans ma modeste demeure.

Lui si crispé paraissait vraiment aux anges. Anne admira son art de se faire charmeur. On s'empressa autour de Maria, qui ouvrit les bras comme pour accueillir sur son opulente poitrine une tribu entière de metteurs en scène et musiciens orphelins.

— Bruno ! dit-elle avec un accent musical irrésistible en embrassant le jeune homme. (A voix basse, Anne s'exerça à répéter ce « Bruno » avec deux *r* qui roulaient.) Mais comment as-tu fait pour bronzer si vite ? Tu es magnifique.

— La piscine, répondit-il. J'espère que tu vas t'y plonger. Je me suis levé à l'aube pour la vider, la nettoyer et changer l'eau... Oui, tout exprès pour toi.

Il s'inclina avec le geste d'un chef qui fait applaudir son orchestre.

— « Sanitized », garantie sans microbes, « special for diva » et à vingt-trois degrés tout juste.

Elle rit.

— Ce serait avec joie, chéri. Mais à quatre jours de la générale, tu te rends compte ! Si je m'enrouais ! Les braves gens diraient encore : « Maria perd sa voix, elle a passé l'âge. » Non, j'ai déjà assez de problèmes avec le mistral.

On assit donc Maria sous un parasol et son mari sortit du sac de plage un chapeau de paille dont il la coiffa. Précédé du titre de directeur de l'opéra de Monaco, le dernier invité, un bellâtre aux tempes argentées portant gourmette d'or au poignet et médaille de la Vierge nichée dans la toison virile qu'il exhibaït sous sa chemise de voile marron largement ouverte, arriva enfin. Une femme blonde, fine et réservée, qu'il avait connue, disait-on, à Vienne où elle chantait *Le Chevalier à la rose* l'accompagnait. François-Marie, qui comptait bien obtenir de lui la mise en scène de *La Somnambule* de Bellini, sortit deux bouteilles de champagne. Bruno et Jackie firent le service. Entré dans la piscine jusqu'à la taille (visiblement, c'est ainsi qu'il avait l'habitude de boire du champagne), le directeur promit d'offrir à François-Marie un plateau flottant, indispensable pour boire dans une piscine. Là-dessus, fort satisfait d'avoir la vedette, il se mit à raconter le concours international de chant auquel il venait d'assister à Vienne.

— La révélation, assura-t-il, ç'a été les Chinois. Ils sont extraordinaires ! Une prononciation impeccable, en italien comme en français ou en allemand. Et ces voix ! Si vous aviez entendu le ténor du *Bal masqué,* Maria ! On n'a rien fait de plus beau, je vous le jure, depuis Stefano. Même Pavarroti. Car Pavarroti se contente de se planter sur l'avant-scène, les jambes écartées. Tandis que ce ténor chinois exprime tout avec un mimétisme extraordinaire. Il faut absolument que vous l'entendiez.

Maria, qui venait de vider une coupe de champagne, rit de bon cœur...

— Mais cher ami ! Vous me voyez avec un petit ténor aux yeux bridés ?

Tout le monde éclata de rire en évitant de regarder son petit mari.

Claude se pencha à l'oreille de Bruno.

— Il ne faut pas qu'on oublie, lui glissa-t-elle, de mettre au point avec Maria la scène de la révérence d'Élisabeth au roi. Elle tient à la faire. Elle assure que le protocole de la cour espagnole l'exige. Elle n'en démord pas...

Ils discutèrent à mi-voix, les pieds légèrement ballottés par l'eau de la piscine, en chassant les guêpes qui venaient se poser sur le bord de leurs coupes de champagne. Anne se souvenait de scènes semblables autour d'une piscine avec Philippe chez leurs amis de Saint-Tropez ou d'Eygalières et se demandait pourquoi elle n'avait jamais éprouvé pareille insouciance. En ce temps-là, pourtant, elle prenait de longues vacances. Elle dormait parfois dix heures par nuit. Tandis qu'ici, elle travaillait beaucoup et dormait peu, dans une chambre d'hôtel qu'elle eût qualifiée quelques mois plus tôt de « minable ». Le regard de Philippe pesait-il à ce point sur elle, même dans leurs moments de détente ? Elle tournait cette question dans sa tête en jouant à décrire des cercles à la surface de l'eau du bout de son orteil droit lorsqu'elle reçut un coup de lancette au cœur. Brusquement, elle porta la main derrière son mollet gauche.

— Une guêpe ? demanda Bruno qui avait surpris son geste.

— Oui, je crois qu'elle m'a eue, dit Anne, qui se sentait blêmir.

La sensation se fit plus précise. Elle retourna sa jambe pour tâter la boursouflure blanche au milieu de laquelle apparaissait un point rouge.

— Ah, la garce ! s'exclama Bruno en se penchant pour l'examiner. Elle a laissé son dard. Viens, il faut tout de suite mettre quelque chose.

Il se leva pour la conduire à l'intérieur de la maison.

— Attention à lui ! lança Claude, ironique. A ta place, je me méfierais.

Un peu étourdie, Anne se laissa guider docilement dans la pénombre jusqu'à la salle de bains. Bruno lui fit avaler deux comprimés roses — « homéopathiques », précisa-t-il. Puis, armé d'un coton imbibé d'éther, il mit un genou en terre pour tamponner la piqûre tandis qu'elle s'appuyait des deux mains au rebord de la baignoire pour lui offrir une jambe bien tendue.

— C'est un endroit particulièrement sensible, l'entendit-elle murmurer dans son dos. La peau y est très fine et beaucoup de veines s'y croisent. Je les vois palpiter. Là, ça va mieux ?

Ses oreilles bourdonnaient. Elle se sentait les mains moites.

— Oui, merci, ça va aller, fit-elle en se redressant avec effort. Mais il fait très chaud dans cette salle de bains, non ?

— Viens dans le salon, proposa-t-il, il y fait frais.

La table était mise, une longue table avec une nappe rouge, des assiettes en faïence à fleurs, une impressionnante série de verres à pied et des serviettes rouges artistiquement disposées dans les verres. Ils la contemplèrent sans mot dire. Du dehors leur parvenaient, sur fond de tintement de bouteilles de champagne dans les glaçons, la voix un peu grasseyante du directeur d'opéra, les éclats de rire brefs de François-Marie et les roucoulements de Maria. Bruno soupira.

— Tu as envie de déjeuner ici ? demanda-t-il à mi-voix en lui prenant le poignet.

— Non, s'entendit-elle répondre.

— Alors on file ? Je vais prévenir Jackie que je te ramène.

L'instant d'après, hâtivement vêtu d'un jean et d'une chemise blanche, il poussait sa moto sur le sentier caillouteux entre les oliviers. Anne monta tout naturellement derrière lui. Étonnée seulement de son calme et de sa détermination, elle se félicita d'avoir mis une jupe froncée au lieu de sa jupe étroite qui ne lui aurait pas permis d'enfourcher la moto.

Bruno fit démarrer le moteur. Lentement, d'abord, car il prenait garde à ne pas déraper, puis en accélérant ils gravirent le chemin menant à la route. Le soleil se projetait partout : dans son dos, sur sa nuque, sur son front, sur les pierres où il éclatait en multiples ronds jaunes, dans la poussière blanche que soulevait la roue avant de la moto, sur les blés mûrs... Une moissonneuse-batteuse traçait sa route dans le champ incliné fermé d'une barre de cyprès. A peine effleurés par les ailes d'acier, les épis souples s'abattaient, raides comme de la paille, et se couchaient en vagues disciplinées : une vague à droite, une vague à gauche, dans le sillage étincelant de la machine de mort. Enfin, dans un ultime rugissement du moteur, ils débouchèrent sur la grand-route bleue au bord de laquelle les épis d'avoine formaient un duvet léger. Le paysage blond, vallonné comme un corps de femme, s'élargit alors et s'adoucit.

— Ça va ? lança Bruno.

— Ça va, acquiesça-t-elle, un peu étourdie.

— Bon, alors, tiens-toi bien.

Il accéléra et elle se sentit irrésistiblement glisser en avant. Elle ne chercha pas à se retenir. Lâchant la barre du porte-bagages auquel elle s'était agrippée d'une main pendant la montée, elle empoigna la ceinture de Bruno et se laissa emporter en fermant les yeux. Lorsqu'elle les rouvrit, surprise par un brusque ralentissement, une odeur chaude de vapeur d'essence lui emplit les narines. Une file de camions s'allongeait sur un kilomètre avant Orange. Bruno la remonta jusqu'à l'entrée de la ville puis obliqua à droite dans une rue commerçante aux étals recouverts de bâches. Sous le soleil de deux heures de l'après-midi, le cœur de la ville semblait mort. Pas une voiture, pas un promeneur, pas même un touriste à la terrasse du café d'Auguste sous les platanes de la petite place du Forum, si bruyante le soir. Ils passèrent au ralenti entre des maisons aux volets clos et traversèrent le désert brûlant de la place du Commerce. Enfin, ils franchirent les arcades de l'hôtel de ville. Bruno laissa mourir son moteur et la moto vint d'elle-même s'échouer dans l'ombre étouffante de l'hôtel.

Le jeune réceptionniste de garde somnolait devant son poste de télévision. Anne lui demanda sa clé.

A peine la porte de la chambre refermée, ils s'étreignirent, debout, appuyés contre le lit. Bruno l'embrassa longuement, avec une tendresse retenue. Lorsqu'ils se détachèrent enfin l'un de l'autre pour se regarder, elle sentit un filet de sueur lui descendre entre les seins. La chemise de Bruno était trempée.

— Tu ne crois pas que nous serions mieux nus ? lui dit-il simplement et elle s'étonna de trouver ce mot si naturel — Philippe et elle ne l'employaient jamais.

Il lui ôta son bustier en effleurant sa taille et ses seins du bout des doigts et elle laissa glisser d'elle-même sa jupe en corolle à ses pieds. Quand elle se redressa, Bruno était nu devant elle. Elle se rappela une boutade de Claude qui l'avait choquée : « Un mec, ça n'est beau qu'en érection. » C'était la première fois qu'elle s'en rendait compte. Par pudeur (ou par peur de le trouver ridicule ou laid ?), elle ne regardait jamais Philippe avant l'amour. Elle l'attendait sous les draps, allongée sur le ventre, les bras sous l'oreiller. Mais ses souvenirs vacillèrent. Bruno lui caressait le cou de ses lèvres en chuchotant : « Tu sens bon. »

Lorsqu'ils s'éveillèrent du bref sommeil où les avait plongés l'amour, elle vit avec une sorte d'émerveillement la poitrine lisse et bronzée du jeune homme, son ventre blanc, et, si vulnérable par contraste dans son abandon, son sexe, couché sur le côté. Bruno tourna vers elle un regard candide.

— Pardonne-moi, dit-il, sincèrement désolé. J'aurais tant voulu te rendre heureuse. Mais j'avais trop envie de toi. J'étais trop ému !

Comprenant qu'il voulait parler de la grande secousse, de l'orgasme obligatoire auquel les magazines féminins qu'elle lisait chez le coiffeur accordaient une telle importance, elle sourit : il lui semblait que c'était tout son corps, des avant-bras à la plante des pieds, qui jouissait encore, par vagues successives. Pour toute réponse, elle l'embrassa dans le creux de l'estomac, là où palpitait une respiration fragile. Roulant sur le côté, il la prit par les hanches et la fit danser, longuement, en lui murmurant à l'oreille des mots qui lui empourprèrent le visage.

Une lumière plus douce filtrait entre les volets mi-clos. Sa montre indiquait cinq heures.

— Oh, fit-elle mine de s'effrayer. Qu'allons-nous dire aux autres ?

— Rien, dit Bruno. Que veux-tu que nous leur disions ?

Ils éclatèrent d'un rire qui redoubla quand ils se virent tous les deux le corps marqué par les ondulations du dessus-de-lit de tuft. Le dessin s'était imprimé sur leur dos, leurs cuisses, leurs mollets et leurs bras, comme une marque infamante, le signe qu'ils avaient « péché » ensemble. Mais Anne avait beau retourner ce mot de « péché » dans sa tête, il ne suscitait en elle aucun sentiment de culpabilité. Depuis longtemps, elle ne s'était sentie aussi pure. Oui : le sentiment qu'elle éprouvait pour Bruno était pur de tout calcul, de toute rancœur, de toute arrière-pensée. Elle désirait seulement profiter du moment présent et lui donner du plaisir et de la tendresse sans obligation en retour. Avec Philippe, au contraire, elle s'accusait de devenir mesquine. C'est en faisant l'amour avec son mari qu'elle se sentait en état de péché. Elle ne lui abandonnait son corps brièvement que pour respecter un contrat et acheter sa sécurité : parce qu'elle était payée et nourrie pour ça. Cette découverte la bouleversa.

— A quoi penses-tu ? lui demanda Bruno.

— A nous, répondit-elle. C'est merveilleux de t'avoir rencontré. Cet hôtel me paraissait si triste, avant.

Il l'embrassa sur les paupières.

— Quel dommage seulement d'avoir tant attendu. Tout ce temps perdu ! Tu te rends compte, plus d'une semaine ! Mais je n'osais pas t'approcher : tu semblais si réservée, si mystérieuse.

Le premier soir, il s'en souvenait, elle portait une jupe rouge — « rouge corail », — et un tee-shirt noir. Il lui avait trouvé un air différent des autres, « un air noble », dit-il un peu gravement.

Tandis qu'il parlait, elle voyait défiler son propre film, enregistré avec tant de précision par sa mémoire que cela seul aurait dû l'alerter : Bruno en pantalon et chemise blanche faisant déplacer les chanteurs et entraînant derrière lui les choristes, comme un maître de ballet. Bruno allongé sur le dos, jouant avec sa petite fille.

Ils s'aperçurent soudain qu'ils mouraient de faim. Elle enfila son jean et une chemise blanche comme lui et ils descendirent au café des Arènes. Elle croyait détester les chaises en plastique rouge, les tables orange criard et les parasols publicitaires de ce café. Mais tout cela lui parut gai. Malgré la répétition du soir qui aurait dû commencer à l'angoisser dès quatre heures de l'après-midi, elle se sentait, pour la première fois depuis son arrivée à Orange, vraiment en vacances. En dévorant leur pan bagnat dégoulinant d'huile d'olive et en se léchant les doigts, ils firent des projets de collégiens. Après les Chorégies, Bruno disposait de quelques jours. Il descendrait la rejoindre à Aix-en-Provence, où elle devait enregistrer pour Claude un concerto de Beethoven. Justement, il comptait rendre visite à un ami qui mettait en scène *L'Enlèvement au sérail* de Mozart. Ils verraient son spectacle ensemble. Ils iraient aussi en Avignon. Il fallait absolument voir le *Richard III* de Shakespeare monté par Lavaudant...

Anne disait oui à tout, insouciante et heureuse. Pas une fois elle n'évoqua la crainte de voir leurs projets contrecarrés par l'arrivée de son mari. Quand elle y songea, ce fut pour l'écarter aussitôt. Philippe ne devait-il pas être retenu à Paris pour dix jours au moins ? Elle se reprocha cette pensée, se taxant d' « amoralité » et se répétant qu'elle était une femme « infidèle » ou « adultère » (elle joua à s'éprouver avec ce dernier mot). Mais elle ne parvenait pas à se sentir coupable. Il lui semblait que Philippe n'était plus, n'avait jamais été, un homme de chair et de cœur capable d'éprouver des sentiments et de la souffrance. Il devenait pour elle une simple entité : le mari.

4

C'est du regard des autres plus que de sa conscience qu'elle était en réalité prisonnière. Elle s'en aperçut dès qu'il lui fallut se préparer à retourner au Théâtre antique. Car toute la troupe, elle n'en doutait pas, « savait » déjà. Comment supporterait-elle sans rougir les chuchotements, les allusions, les regards surtout, ironiques ou goguenards, qui ne manqueraient pas de saluer son arrivée ? Elle se croyait incapable de feindre le naturel.

Elle y réussit pourtant, tout étonnée de se découvrir tant de fausse candeur. Bruno l'y aida en ne changeant rien à son comportement, ce dont elle lui sut gré : elle aurait détesté qu'il la prît par la taille d'un geste de propriétaire devant Claude.

Cette première crainte passée, elle se mit à guetter un regard, un geste... aussi prompte à douter de la valeur de ces signes qu'à se réconforter ; Bruno lui réservait-il vraiment ces gestes de complicité ?

A deux heures du matin, quand elle eut refermé la porte de sa chambre et ôté le dessus-de-lit de tuft — que, par une sorte de pudeur, elle avait pris la peine de retaper soigneusement —, l'assaillit de nouveau le doute. L'aimait-il ? L'aimait-il toute, dans son conformisme, son inexpérience des jeux sexuels, sa maladresse — car elle avait été sûrement maladroite ? Ou bien l'avait-il prise seulement par curiosité ? Ou pour une certaine idée qu'il se faisait d'elle ? Tous ceux — parents, enfants, mari, prétendants — qui l'avaient approchée jusqu'à ce jour n'avaient jamais aimé d'elle qu'un seul visage.

Pourtant, ce qu'elle éprouvait aujourd'hui venait de si loin... La présence de Bruno l'enveloppait. Une vague la soulevait, l'emportait hors d'elle-même, la roulait contre les rochers. Tour à tour secouée par ces sensations fortes et gagnée par une douceur qui gonflait ses seins, creusait son ventre et rendait sa nuque, ses cheveux, même, sensibles au moindre frôlement du drap, elle ne parvint à s'endormir qu'à cinq heures passées. Ce fut le téléphone qui l'éveilla à huit heures.

— Est-ce que je t'ai manqué autant que tu m'as manqué ? disait Bruno. M'inviterais-tu à prendre un café ?

— Un café ? Où ? (Elle hésita.) Ici ? Tu n'as pas peur que Claude... (Elle allait ajouter : « que Claude ne te surprenne, ne soit peinée ? »)

— Ne t'inquiète pas. Claude est la discrétion même. Je peux monter dans cinq minutes ? Je suis sur la place.

Elle se précipita dans la salle de bains pour se tamponner d'eau froide les yeux et les seins avant d'enfiler sur sa peau encore humide le kimono de coton léger rapporté par Philippe d'un voyage d'affaires à Tokyo. L'instant d'après, Bruno lui disait toutes ces choses ridicules qu'elle désirait entendre : que ses joues de pêche le rafraîchissaient, que son corps, après la nuit, sentait le foin... et tandis qu'il lui murmurait ces mots d'une voix un peu essoufflée, ses mains se posaient exactement où son corps les attendait, ses mains se glissaient sous le fin kimono pour l'enlacer et la retenir au-dessus du précipice. Alors elle dessina du doigt le contour de sa bouche et s'entendit dire ce qu'elle n'avait jamais dit à aucun homme : « Tu es beau. »

Les jours suivants s'écoulèrent dans une sorte d'état d'apesanteur, une fièvre délicieuse entretenue par le manque de sommeil. Entre les séances d'enregistrement, les deux « amants » (elle aimait ce mot, se le répétait souvent pour elle seule : « mon amant, j'ai un amant ») se rejoignaient tard dans la nuit ou tôt le matin. Parfois aussi, ils profitaient d'une pause dans l'après-midi. Contrairement à ce qu'elle avait craint, personne autour d'eux ne semblait rien remarquer.

A l'approche du grand soir de l'enregistrement, elle s'étonnait de n'être pas plus anxieuse malgré la tension que Claude faisait graduellement monter. La présence et l'odeur de Bruno l'apaisaient. Lorsqu'ils se retrouvaient dans sa chambre, il leur arrivait de se reposer un moment nus, côte à côte, avant de faire l'amour. Tout en effleurant d'une main légère la pointe de ses seins, puis ses cuisses et ses genoux, Bruno fumait une cigarette. Il commentait un incident survenu pendant la répétition, le choix d'un costume, les comportements, surtout, des gens qui les entouraient. Dans l'attente exquise du plaisir — attente qu'elle aimait prolonger —, Anne parlait de Claude, dont l'attitude à la fois tyrannique et généreuse ne cessait de la surprendre. Elle se délivrait de ses angoisses. « J'aime ton regard », disait-il. « J'aime le tien », répondait-elle. Elle souriait : « Tu te souviens du monologue de Philippe II : " le pouvoir de lire dans les cœurs " ? je l'ai pris pour moi, bien entendu. » « Tu m'étonnes ! » disait-il en riant avant d'écraser sa cigarette.

Selon la tradition, la veille de la première fut décrétée jour de repos.

— Quelques kilomètres en moto ne te feraient pas peur ? lui demanda Bruno le matin.

— Avec toi, je n'ai peur de rien, répliqua-t-elle sur le ton de la plaisanterie.

C'était faux. Elle gardait un souvenir grisant mais apeuré de leur entrée à Orange entre deux files de voitures et de camions. Bruno le devina. Il démarra en douceur, sans chercher à l'impressionner par de brusques accélérations, et prit la route du mont Ventoux. Il avait promis à un ancien camarade de faculté que rien, selon lui, ne destinait à la vocation religieuse, d'aller le voir dans le nouveau couvent bénédictin qu'il achevait de bâtir. Cette idée la touchait. Dieu ne hantait pas ses pensées mais elle aimait qu'il eût un ami bénédictin.

Ils trouvèrent facilement le monastère à la sortie d'un village. Entre ses haies de cyprès et son champ de lavande, la bâtisse de pierre blanche dégageait une singulière impression de force et d'harmonie. En attendant Bruno, seul admis à pénétrer dans l'enceinte des moines, Anne se promena dans le jardin. De la terrasse face au Ventoux, le regard embrassait à la fois la roche austère traversée de grandes fractures blanches et la plaine piquetée d'humbles toits roses. Tant de petites vies, forcément routinières, se déroulaient à ses pieds. Elle eut envie de prier : « Mon Dieu, faites que tout reste ainsi, suspendu. » Elle ne pouvait concevoir ni la fin de son idylle avec Bruno, ni son prolongement au-delà d'un été de festival. La grisaille de Paris, les contraintes de sa vie de femme mariée, l'habitude l'éteindraient. Ou pire : en feraient un adultère ordinaire.

Bruno réapparut, accompagné d'un grand gaillard d'allure sportive en robe de bure. « Je te présente Philippe », dit-il. Elle tressaillit. Elle n'avait pas relevé, ce matin, le nom du novice bénédictin. Philippe, cependant, la regardait d'un œil attentif où elle lut de la bienveillance. Spontanément, tandis qu'il les raccompagnait, elle évoqua ses souvenirs de pensionnaire sous la conduite de religieuses « qui se penchaient sur notre âme comme un jardinier sur ses fleurs ». Elle qui se confiait si peu s'étonnait, soudain, d'être d'une humeur bavarde. Ils prolongèrent la conversation devant le portail. Par crainte de troubler la paix du monastère, Bruno avait arrêté sa moto à une centaine de mètres. Philippe les regarda s'éloigner. Avant de tourner les talons, il esquissa vers eux un geste de bénédiction. Bruno resta muet, mais au moment d'enfourcher sa moto, il prit la main d'Anne entre les siennes avec une sorte de ferveur et la baisa.

En descendant, ils trouvèrent une auberge dont la terrasse dominait la plaine. Le patron, un Italien, leur proposa des lasagnes maison qu'ils acceptèrent distraitement. Bruno semblait ému.

A mi-voix, comme s'il se trouvait encore dans l'enceinte du monastère, il lui raconta l'histoire de Philippe. Il l'avait connu chez les frères des Écoles Chrétiennes. Champion d'escrime, brillant en français mais nul en physique et très indiscipliné, Philippe s'était fait virer du collège. Trois ans plus tard, Bruno le retrouvait en faculté de droit.

Anne écoutait avec attention. A travers l'itinéraire de Philippe, Bruno lui révélait le sien.

— Tu as fait du droit ? demanda-t-elle.

— Oui. Mon père l'exigeait. Mes goûts d'« artiste », comme il disait, l'inquiétaient. Il voulait que son fils devienne avocat comme lui avant de se lancer dans la politique. En cas d'échec, il m'aurait fait préparer une capacité en droit pour entrer chez un notaire. Notaire, tu imagines ?

Anne esquissa le portrait de son père — un artiste à sa manière, sacrifiant tout à l'esthétisme, au goût du geste. Puis elle parla de ses enfants : Pascaline, déjà si déterminée à gagner de l'argent. Frédéric, encore si protégé, si « bébé » par certains côtés.

— Et ton mari ? s'enquit-il brusquement. Tu n'en parles jamais. Vous vivez encore ensemble ?

Elle accusa le coup. La prenait-on pour une femme divorcée ? Une femme abandonnée (elle n'osait penser : une « femme libre ») ?

— Oh, mon mari... fit-elle seulement. Il est directeur financier d'une grosse boîte. Terriblement absorbé par son travail et accessoirement par son tennis. (Elle se reprit, soucieuse de ne pas prendre un ton plaintif. Elle détestait les femmes qui se plaignaient de leur mari.) Il faut dire que c'est une période terrible pour ces grandes entreprises : ne pas savoir à quelle sauce on sera mangé, si l'on sera demain nationalisé ou pas, si votre P-DG sera maintenu ou remplacé...

Elle se tut. Le patron de l'auberge proposait ses desserts. Lorsqu'il se fut éclipsé pour les laisser réfléchir, Bruno se pencha vers elle.

— Tu veux une tarte aux fraises ? Une « zuppa inglese » ?

Elle secoua la tête.

— Un café ?

— Non merci, rien.

— Autre chose ? (Il la regardait dans les yeux.) Une chambre ?

— Oui, répondit-elle sans savoir si c'était malgré elle ou par jeu.

Bruno se leva. Lorsqu'il revint, il tenait une clé à la main. Au-dessus du lit, une gravure rétro de la Sainte Vierge lui rappela le parloir de son pensionnat. Devant la fenêtre, se balançait une branche de figuier. Ils ne fermèrent pas les rideaux.

Quand ils regagnèrent la plaine, les blés drus s'apaisaient dans un ultime embrasement. Comme pour prolonger ce moment de douceur exquise, Bruno roulait à petite allure. La joue appuyée contre son dos tiède, Anne contemplait les champs mûrs pour la moisson et songeait aux fins d'après-midi dans le Médoc quand la lumière, si blanche le jour, enveloppait les vignobles d'or jaune. Dieu qu'elle aimait cette heure d'accalmie.

C'est seulement quand elle aperçut la pancarte « Orange 3 km » que l'angoisse l'étreignit. Depuis trois jours, elle s'en croyait libérée. Au point qu'elle avait jugé hier excessive la nervosité de Claude. L'équipe de télévision n'était-elle pas maintenant parfaitement rodée ? Et Claude ne répétait-elle pas elle-même qu'on aurait tout le temps, d'ici la retransmission (programmée pour la fin de l'été), de corriger au montage les imperfections de l'enregistrement ?

N'importe : une défaillance, elle le savait, ne pardonnerait pas. Claude devait pouvoir compter sur elle comme sur la scripte et chacun des cadreurs. La moindre erreur de l'un des membres de l'équipe et ce serait le « blanc ». Et puis, comment Claude pourrait-elle lui confier l'enregistrement en direct du *Quatrième concerto* de Beethoven si elle perdait ses moyens ? Et que penserait Bruno ? Plutôt disparaître que se présenter devant lui le lendemain soir comme une petite fille éplorée d'avoir raté son examen.

Bruno comprit qu'il fallait, pour sa veillée

d'armes, la laisser seule. Longue veillée sans sommeil. Et courte journée, si rapide, passée à consulter sa montre en révisant, le cœur battant, sa partition.

Quand elle émergea enfin du car d'enregistrement dans la nuit bruissante de l'écho des ovations, Anne rayonnait : le pire, imaginé cent fois, ne s'était pas produit. L'obstacle était passé, avec les compliments de Claude. « Merci les filles ! » leur avait lancé la réalisatrice au moment où apparaissait sur les petits écrans François-Marie Denneval, venu saluer en tirant par le bras le décorateur et Bruno. « Merci ! Vous avez fait du bon travail. » Bruno les attendait avec une bouteille de champagne dans la cabine Algeco qui lui tenait lieu de loge. Ils se congratulèrent en regardant s'écouler le flot coloré des spectateurs, robes longues et shorts mêlés. Claude, cependant, ne buvait que du bout des lèvres.

— On a complètement raté deux plans sur Maria, enrageait-elle. Avant-hier, à la générale, son visage était parfaitement en lumière. Aujourd'hui, elle s'est déplacée de dix centimètres et, deux fois de suite, nous nous en sommes aperçus trop tard.

Des yeux, elle cherchait le responsable des lumières. Son regard croisa celui d'Anne, qui guettait malgré elle un compliment.

— En outre, on a fait beaucoup trop de plans rapprochés, lui dit-elle d'un ton de reproche. Les plans rapprochés sur des fortissimos, c'est une horreur. Tu aurais dû me prévenir, toi qui connais la partition par cœur...

— Mais... commença faiblement Anne.

Bruno l'apaisa.

— Ne t'inquiète pas, lui glissa-t-il. C'est toujours comme ça le soir de l'enregistrement. Comme il y a forcément une ou deux choses qui clochent, elle n'est jamais contente. Elle ne le sera que lorsqu'elle verra le résultat final le soir de la retransmission.

Il embrassa Claude, qui avait tout entendu.

— Ma Claude, dit-il, on se retrouve à la réception de l'hôtel de ville ?

Et, prenant Anne par la main, il l'entraîna vers les rues illuminées, sillonnées par des jeeps de légionnaires. Ils se mêlèrent à la foule. Des terrasses de cafés montaient des commentaires joyeux.

— C'est fête, ce soir, dit-elle d'un ton qui se voulait espiègle. C'est la première fois que nous nous promenons ainsi tous les deux dans la foule.

— Oui, murmura-t-il, c'est fête.

Avant de rejoindre les autres à l'hôtel de ville pour voir d'anciens et nouveaux ministres faire leur cour à Maria, ils s'attardèrent le long du cours et dans les ruelles obscures. Demain, ils allaient se quitter. Anne s'installerait pour une dizaine de jours à Aix-en-Provence avec Claude, tandis que Bruno assurerait encore deux représentations à Orange auprès de François-Marie Denneval. Mais demain lui paraissait loin. Toute à la joie de cet examen passé et à l'insouciance de ses dix-sept ans retrouvés, elle s'étonnait de ne ressentir aucune tristesse à l'idée de cette première séparation. Ils allaient du même pas et la hanche de Bruno épousait si naturellement le mouvement de la sienne qu'on eût dit qu'ils marchaient ensemble depuis l'enfance.

Vint le matin du départ. Avant de descendre dans le hall de l'hôtel sa lourde valise pleine de vêtements d'autrefois, Anne se retourna pour contempler une dernière fois le dessus-de-lit à vaguelettes. Et là, sur le seuil de sa chambre, elle eut la certitude que Bruno ne viendrait pas la rejoindre à Aix. Leur charmante aventure, elle le comprenait maintenant, se terminait avec *Don Carlos*. Elle ne pouvait pas durer. Il fallait être aveugle pour ne pas l'avoir vu plus tôt.

Au réveil, juste après le départ de Bruno, Philippe l'avait appelée. Le remplacement de plus en plus probable du ministre de l'Industrie l'empêcherait de descendre à Aix le week-end prochain. Pourrait-elle s'arranger pour revendre ses places ?

Au lieu d'être ravie de ce changement de programme (après tout, Philippe laissait le terrain libre à Bruno), Anne en éprouva une étrange mélancolie. Ainsi, même son mari la laissait... A la légèreté grisante de cette nuit de fête succédait un grand vide. Philippe ne lui demandait même pas si l'enregistrement s'était bien passé. Il se préoccupait seulement de savoir si elle pourrait revendre ses places : « Huit cents francs, insistait-il, cela m'embêterait de leur en faire cadeau. »

La découverte d'Aix-en-Provence n'y fit rien : plus la ville, épanouie au soleil de l'après-midi, lui offrait de beauté, et plus Anne s'assombrissait. Pourtant, Claude faisait de gros efforts, très inhabituels de sa part, pour tenter d'effacer le mauvais souvenir de sa réaction de la veille. Tout au long du trajet, elle lui avait raconté des anecdotes sur des enregistrements ratés ou rattrapés de justesse. Pour mieux lui marquer son estime, elle l'interrogea en outre sur le *Concerto pour la main gauche* de Ravel qu'on lui proposait d'enregistrer à la rentrée.

En pénétrant dans le vestibule obscur de l'immeuble « classé XVIIIe » où se trouvait l'appartement loué pour quinze jours, Anne eut un mouvement de recul. Malgré la fraîcheur du lieu, une persistante odeur de putréfaction s'exhalait des sacs en plastique éventrés, abandonnés sous une console baroque, et empoisonnait l'atmosphère. En fronçant le nez, elles gravirent les trois étages du bel escalier monumental menant au « trois pièces terrasse ». Les chambres sans air donnant sur une cour exiguë, la terrasse ensoleillée, mais couverte de crottes de pigeon, le canapé blanc simili-cuir du salon aussi crasseux que le lino de la cuisine : tout, d'abord, lui parut sordide dans sa nouvelle demeure. Prétextant un mal de tête tenace, elle laissa Claude s'installer et, sans même défaire sa valise, descendit « prendre l'air » malgré la chaleur étouffante.

Le soir même, Bruno téléphonait. Sa voix confiante la rassura. Il espérait la rejoindre plus tôt que prévu : dans deux jours. Deux jours. Cela lui parut encore trop long. C'est qu'ils avaient fait tant de chemin l'un vers l'autre en quelques heures et quelques kilomètres de séparation. Ils auraient tant à se dire.

En raccrochant le téléphone, Anne regarda autour d'elle : il ne lui paraissait plus si moche, cet appartement. Elle l'avait mal jugé au premier coup d'œil : la fatigue, sans doute. Déjà, elle jouait à le transformer : elle abattrait les cloisons, blanchirait les murs à la chaux et couvrirait la terrasse d'une treille comme on en voyait en Italie.

5

« Acheter du champagne... Mais aime-t-il vraiment le champagne ? »

Elle n'était pas éveillée que déjà, sur fond confus de bruit de poubelles basculées et de moteurs de camion au ralenti, cette question la tracassait. Anne se retourna sur le ventre, enfouit son visage dans son oreiller et repoussa du pied le drap qui la gênait.

Il faisait très chaud. Quelle heure pouvait-il être ? Brusquement inquiète, elle se redressa, tâtonna d'une main la chaise pliante qui lui servait de table de chevet, saisit son réveil et le tendit dans un rai de lumière : six heures et demie. Toute cette longue journée encore à attendre. Oui, mais elle travaillait cet après-midi. La matinée n'y suffirait pas, avec tout ce qu'elle devait faire. Le ménage d'abord, Claude aussitôt partie. Impensable d'accueillir Bruno dans cette poussière. Ensuite, acheter des fleurs. Des melons. Ainsi que du jambon de Parme et des lasagnes chez l'Italien. Ne pas oublier le champagne. Elle s'en souvenait maintenant : ils en avaient bu ensemble au bord de la piscine de Denneval et à nouveau le soir de la première de *Don Carlos*... Elle s'accusa de n'avoir même pas songé, ce soir-là, à féliciter Bruno de son travail. Un vif sentiment de honte la sortit du lit.

Elle enfila un tee-shirt, traversa la cuisine pieds nus pour ne pas troubler le sommeil de Claude et sortit sur la terrasse, non sans avoir machinalement allumé le gaz.

Lorsqu'elle revint dans la cuisine, l'eau frissonnait dans la casserole. Lentement, comme on accomplit un rituel, elle la versa sur une cuillère à soupe de Nescafé dans un grand bol ébréché, ajouta quelques gouttes de lait concentré et but les premières gorgées debout — « comme Moïse avant le départ d'Égypte », songea-t-elle avec un sourire amusé. Puis, elle coupa une grosse tranche de pain de campagne qu'elle emporta sur la terrasse, en équilibre sur un pot de miel.

Si on lui avait dit seulement un mois plus tôt, alors qu'elle savourait son thé « Earl Grey » et sa marmelade d'oranges dans ses faïences anglaises, qu'elle se retrouverait ainsi pieds nus et en tee-shirt bariolé, buvant du Nescafé dans un bol ébréché. Si on lui avait prédit surtout qu'elle puiserait dans ce nouveau style de vie un tel sentiment de jeunesse et de liberté, elle aurait ri ou pincé les narines de dégoût.

De fait, elle manquait d'appétit. La première bouchée avalée, elle considéra sa tartine avec effarement. Le café au lait non plus ne passait pas. « J'ai les bras et les jambes en coton », constata-t-elle. Elle résolut de se remettre au lit avec sa partition. Mais en passant devant la penderie, une question l'arrêta : comment s'habiller pour lui ? Elle ouvrit toutes grandes les portes du placard et inspecta ses robes : l'imprimée, « trop habillée », la soie grise, trop « dame », le tailleur miel aussi ; l'ensemble vert : « ah... » Elle fit pivoter le bustier. Il mettait en valeur ses épaules nues et ses yeux marron-vert tandis que la jupe fluide lui faisait des hanches minces et une démarche souple. Mais elle exigeait des talons hauts, bien trop périlleux dans les ruelles pavées. Non, seule sa jupe corail avec des sandales noires conviendrait. Mais Bruno lui connaissait trop cette tenue. Restait la jupe jaune paille que Claude proposait de lui prêter et dont le ton se mariait à merveille avec celui des pierres dorées d'Aix. Elle ôta son tee-shirt, enfila la jupe avec son chemisier en soie assorti et grimpa sur un tabouret pour se regarder dans le miroir au-dessus de la cheminée. La couleur mettait en valeur son teint, mais le boutonnage de la jupe lui faisait ressortir le ventre presque autant qu'à Claude. « J'ai grossi, soupira-t-elle. J'aurais dû aller tous les matins à la piscine. »

C'était toujours la même chose : les couleurs claires l'attiraient mais une fois dedans, elle se trouvait trop ronde. Seules les couleurs sombres lui donnaient une allure élancée. A quarante ans, elle aurait dû commencer à le savoir ! Le chemisier, en revanche, lui allait bien. Il lui allait bien mieux qu'à Claude, qui le portait trop tiré, à sa façon cheftaine. Elle le fit blouser dans le dos. Sans soutien-gorge, ses seins pointaient avec impertinence. La caresse de la soie à même la peau lui donnait une sensation délicieuse et rendait ses gestes plus doux... Anne redescendit de son tabouret, raccrocha les vêtements avec soin et se surprit à passer nue devant la porte-fenêtre. Cela ne lui arrivait jamais. Même seule, à Bougival, elle n'allait pas nue de la chambre à la salle de bains... Pourquoi ? C'était si agréable. Elle s'assit sur son lit. La tête lui tournait. Elle éprouvait le sentiment étrange de ne plus se reconnaître en abordant une terre inconnue. Mais le temps lui manquait pour se laisser aller à rêver. Avant de prendre une douche froide, elle sortit décrocher le slip et le soutien-gorge suspendus au fil à côté de la chemise de Claude. Du linge à sécher dehors ! Encore une chose inimaginable, un mois avant.

La terrasse était maintenant inondée de soleil et la table de métal rouge déjà chaude malgré le parasol. Elle examina son linge en pleine lumière. Même lavé et frotté, il ne faisait pas « net ». Les bretelles de couleur chair nacrée viraient au beige-gris. Elle se souvint d'être passée devant une boutique de lingerie en bas de la rue et se promit d'y descendre.

A dix heures, quand elle remonta le cours Mirabeau les bras chargés d'un carton de victuailles, le rideau de fer de la boutique de lingerie était enfin relevé. Le caraco en soie blanche et le caleçon assorti repérés l'autre matin se trouvaient toujours en vitrine. Le premier jour, elle avait reculé devant cet achat raffiné mais trop indécent pour ouvrir sa porte sans passer un peignoir. Cette fois, elle se décida. Sur sa peau bronzée, ce serait ravissant. Après avoir déposé son carton au bas de l'escalier, elle revint demander le caraco ainsi qu'un soutien-gorge et un slip « chair », « Dior de préférence », précisa-t-elle.

— Nous ne faisons pas Dior, dit la boutiquière à la poitrine avantageuse dans sa robe à fleurs. Mais j'ai quelque chose qui vous ira très bien.

Anne se dirigea vers la cabine d'essayage. En passant devant une vasque en plexiglas où l'on brassait pêle-mêle des « fins de série », son œil fut attiré par un soutien-gorge noir, très léger, très transparent, avec juste quelques motifs de broderie.

— Et ceci ? demanda-t-elle. Est-ce une bonne marque ?

— Ça, c'est tout à fait différent, vous ne pouvez

pas le mettre sous des chemisiers transparents. C'est du noir.

— Je vois bien, dit Anne. Donnez-le-moi tout de même si vous l'avez dans ma taille.

Elle se déshabilla. La dame lui apporta un soutien-gorge chair qu'elle jugea « orthopédique » ainsi qu'un soutien-gorge de dentelle noire.

— Ce n'est pas tout à fait le même, précisa-t-elle, mais c'est un très beau modèle.

Elle l'essaya en premier. De sa vie, elle n'avait porté de lingerie noire. Le noir, cela faisait « mauvais genre ». Mais une fois qu'elle l'eut agrafé, l'effet lui parut saisissant. Non seulement le noir l'amincissait mais la dentelle noire donnait un éclat particulier à son décolleté et à ses épaules, faisait paraître sa bouche plus violette et ses yeux plus sombres et brillants. « Toréador, en garde... » chantonna-t-elle intérieurement.

A peine sortie de la boutique, évidemment, elle regretta son achat. Jamais elle n'oserait se montrer ainsi à Philippe. Quant à Bruno, il verrait très bien que tout cela était neuf, acheté exprès pour lui. Que penserait-il ? Qu'elle cherchait à l'exciter ? Rougissant de honte à cette pensée, elle fut tentée de demander conseil à Claude, mais crut entendre aussitôt un rire qui la paralyserait. Quelle indélicatesse ! Elle allait redescendre tout de suite échanger le noir pour du « champagne » ce serait beaucoup plus « son genre ».

En entrant dans la chambre de Claude, elle trouva le lit fait et un mot par terre, sous un cendrier : « Salut. J'espère que tu es en forme. On travaille plus tôt aujourd'hui. Rendez-vous à midi au snack italien en face de l'archevêché. » Signé : « Claude. » Post-scriptum : « Je ne serai pas là ce soir. Je vais chez des amis du Luberon. »

Chère Claude ! Sous ses dehors autoritaires et

parfois bourrus, la réalisatrice cachait une extrême délicatesse. Jamais elle n'avait fait la moindre allusion ironique à ses relations avec Bruno. Parfois seulement, en évoquant les qualités professionnelles du jeune homme, Claude lui laissait comprendre à demi-mot qu'elle ne désapprouvait pas ce qu'Anne n'osait encore appeler qu'une « aventure ». (Le mot « liaison » lui déplaisait, le mot « amour » lui faisait peur.) Cette histoire d'invitation dans le Luberon, Anne n'y croyait guère. En période de préparation d'un concert, Claude détestait les « mondanités ».

Comment lui témoigner sa reconnaissance ? Claude était tellement secrète. Des bruits couraient à son sujet. On lui prêtait des liaisons féminines, ainsi qu'un grand amour malheureux avec un chef d'orchestre allemand. A l'exception peut-être de Bruno, personne ne la connaissait. Anne la voyait toujours entourée de copains, mais finalement toujours seule. En rangeant ses provisions, elle réfléchit au cadeau qu'elle pourrait bien lui faire : un objet ? Voyageur sans bagages, Claude semblait les dédaigner. Un disque ? Elle en possédait une impressionnante collection. Un vêtement ? Sortie des classiques jupe droite ou pantalon-chemise et pull d'homme, Claude ne s'y intéressait guère. Elle lui offrirait plutôt des livres. Le dernier Sarraute et le dernier Amado. Satisfaite de cette décision, Anne reporta son attention sur le soutien-gorge et le slip de dentelle noire. Fallait-il vraiment les rendre ? Elle les essaya devant la porte-fenêtre vitrée qui pouvait, entrouverte, servir de miroir. La métamorphose s'accomplit de nouveau. Une autre Anne, provocante, étrangère et pourtant complice lui apparut. Avec entrain, elle entreprit de faire son lit, balayer la cuisine et frotter la baignoire dans cette tenue en entonnant « L'Amour est en-fant de Bohème. Il n'a jamais, ja-mais connu de loi... ».

D'ordinaire, les soldes la rebutaient. Quand par hasard elle se forçait à profiter d'une affaire, elle regrettait son achat. Mais ce matin, elle se sentait une âme de chasseresse. Elle s'engagea dans la rue piétonne qui montait vers l'archevêché et lui offrait chaque jour un ravissement nouveau : ici, un balcon ouvragé, là, des cariatides soutenant un porche sculpté, là encore, un mur ocre écaillé de rose. Dans ce décor de théâtre, même les soldes qui envahissaient les boutiques en cette fin de juillet lui souriaient.

Elle repéra tout de suite dans une vitrine une jupe noire, que la vendeuse eut l'intelligence de lui faire essayer avec un bustier noir et une ceinture fuchsia. La magie de la dentelle noire agissait-elle ? Sa nouvelle silhouette lui plut tant qu'elle acheta le tout.

En sortant, elle passa devant une boutique de chemises pour hommes. Après avoir longuement hésité entre deux tailles en les plaquant sur les épaules du vendeur, elle en choisit une rose pâle et ressortit ravie et inquiète. Bruno, qui ne portait que du blanc, aimerait-il ce rose ? Ne verrait-il pas dans ce choix un manque de tact ? Le désir de lui voir porter ses couleurs fut cependant le plus fort. Elle se mit aussi en quête d'une eau de toilette qui lui irait bien.

A midi et demi, ayant dépensé en une matinée presque une semaine de salaire, Anne arriva sur la place de l'Archevêché avec un sentiment exquis de culpabilité. Toute l'équipe était déjà attablée devant de larges assiettes de « carpaccio ».

— Ton mari a appelé, dit Claude en poussant

vers elle un verre de vin sans même lui dire bonjour. Il faut que tu le rappelles avant une heure.

Anne sentit sa gaieté s'évanouir. Philippe ? Que lui voulait-il ? Quelle mauvaise nouvelle ? Elle fila au bureau du festival.

— On te commande la même chose ? lui cria Claude.

— Oui, oui, ce que tu veux.

Comme d'habitude, la secrétaire de son mari lui répondit d'un ton réprobateur qui lui donna envie de raccrocher. Visiblement, pour cette intendante en chef du royaume de Philippe, une femme qui appelait son mari à son bureau ne pouvait être qu'un oiseau frivole, totalement inconsciente des responsabilités qu'il exerçait et du temps précieux qu'elle lui faisait perdre. Cependant, la secrétaire insista.

— Ne quittez pas, je vous prie. M. Lemonnier est chez le président, mais il attend votre appel. Je vais essayer de vous le passer.

Trois minutes s'écoulèrent.

— Allô, allô ! criait Anne, exaspérée de voir la machine absorber ses pièces.

Elle raccrocha. Tant pis pour Philippe. S'il désirait lui communiquer un message urgent, il n'avait qu'à le confier à sa secrétaire. L'essentiel était de l'avoir rappelé. Il n'aurait pas de reproche à lui faire. Elle franchissait donc rageusement le porche de l'archevêché, lorsque l'attachée de presse la rappela par la fenêtre.

— Anne ! on vous demande au téléphone. Votre mari.

Excédée, elle entra dans le bureau et prit l'appareil qu'on lui tendait par-dessus les paperasses.

— Nous avons été coupés, dit Philippe.

— Oui, que se passe-t-il ? Excuse-moi, mais je suis très pressée. Nous sommes en plein boulot, ici.

— J'ai une bonne nouvelle, annonça-t-il sans paraître remarquer son agacement. J'ai réussi à me dégager. J'arrive ce soir.

— Ce soir ? (Elle était accablée.) Ce soir ? répéta-t-elle. Mais je croyais que tu devais recevoir des clients américains ?

— Finalement, ils ne viendront que la semaine prochaine. J'ai téléphoné aux Arrançay. Ils sont ravis de nous avoir. Ils ont beaucoup insisté pour que nous prolongions notre week-end jusqu'à lundi. Je compte prendre l'avion de dix-huit heures qui atterrit à Marseille-Marignane à dix-neuf heures cinq. Tu pourras venir me chercher ?

La mesure était comble. Non seulement Philippe décidait sans la consulter du jour et de l'heure de sa venue, mais il estimait qu'elle devait être, à tout moment, à sa disposition. Sans l'attachée de presse qui l'écoutait et l'observait tout en faisant mine d'être absorbée dans un grand cahier de rendez-vous, Anne aurait explosé.

— Il vaudrait mieux que tu ne comptes pas sur moi, dit-elle d'une voix impersonnelle. Nous ne disposons que d'une voiture de service et je ne suis pas sûre de pouvoir la prendre ce soir. D'autre part, je ne suis pas certaine du tout d'avoir terminé avant vingt heures. Notre enregistrement en direct est prévu pour demain soir, au cas où tu aurais oublié. Non, ne compte pas sur moi, ce sera plus sage. Va chez les Arrançay. Je t'appellerai chez eux.

— Non, non, je préfère t'attendre. Je t'attendrai à la terrasse du Noailles en bas du cours Mirabeau. Si tu es retardée au-delà de vingt heures trente laisse-moi un message... le numéro... (Elle devina que sa secrétaire lui tendait un papier.) Le numéro est le 80.72... 80.72... répéta-t-il, en bon professeur. Le Noailles, sur la place en bas du cours Mirabeau.

— Comme tu veux, soupira-t-elle, impuissante. Alors à ce soir.

Elle raccrocha. Sur le pas de la porte seulement, elle s'aperçut qu'elle n'avait dit ni bonjour ni au revoir ni merci à Monique, l'attachée de presse. Elle se retourna et, s'appliquant à sourire :

— Merci. Et pardon de vous avoir dérangée.

Elle s'éloigna sans attendre la réponse. Monique la rappela par la fenêtre.

— Anne, vous oubliez quelque chose.

Elle lui tendait un sac en plastique : tous ses achats de fête de la matinée.

Personne, à table, ne parut remarquer son retour. Elle en rendit grâce au violent mistral qui chassait les serviettes et bousculait les verres, obligeant chacun à se battre pour garder son bien. Le vin rosé aidant, l'atmosphère devenait particulièrement joyeuse. Tout le monde riait aux éclats en écoutant le récit du déménagement de Marie. La « petite Marie », comme on l'appelait, était l'assistante de Diane Arlevitch. Avec sa tête ronde, ses cheveux blonds frisottés, ses yeux bleus comme des billes et ses chemisiers à col plat d'écolière, elle avait un petit air de Bécassine — mais de Bécassine pleine de malice, au charme aussi vif et naturel que celui de Diane était apprêté.

Elle venait de dénicher « un super-F3 » à Courbevoie avec « une super-vue sur Paris »... Enfin, Paris vu du pont de Courbevoie — deux mille huit cents francs par mois —, une affaire! Seul ennui : il fallait le repeindre. Elle avait entrepris de le faire elle-même et, soupirait-elle, « c'est l'horreur ». Malgré les bâches, la moquette moutarde (bizarrement, le mot « moutarde » fit s'esclaffer les deux tables) était pleine de taches de peinture. « Je ne sais pas comment font les autres », s'interrogeait-elle en mimant les gestes du peintre juché sur une échelle, mais moi, quand je peins le plafond avec les bras en l'air, ça me dégouline tout du long et j'en mets partout. »

On rit de bon cœur. Anne, cependant, restait pensive. Le récit de Marie, qui arrivait tout juste à se payer un trois pièces HLM en travaillant soixante-dix heures par semaine, lui avait fait un instant oublier sa colère contre Philippe. Comment faisait-elle, cette « petite Marie » qui côtoyait un monde de vedettes, un monde où l'on gagnait et dépensait chaque soir plus qu'elle ne pouvait espérer gagner en un an, comment faisait-elle pour conserver cette fraîcheur et cette bonne humeur ? Pas une trace d'amertume ou d'envie ne perçait dans sa voix. Anne l'admirait. Sans doute trouvait-elle très amusant de vivre quelques jours, elle aussi, dans un modeste trois pièces. Mais celui-ci était situé dans un quartier admirable. Et puis, elle savait qu'elle retrouverait à son retour sa maison confortable, sa grande cuisine bien équipée et sa salle de bains immaculée. Fausse liberté que la sienne. Elle jouait à l'artiste de télévision comme la reine Marie-Antoinette, jadis, jouait à la jardinière : assurée du confort matériel que lui apportait la situation de son mari. Au fait : il avait suffi que Philippe déclare « J'ai décidé de venir », pour qu'elle lui sacrifie son week-end avec Bruno. Pourquoi ne pas lui avoir dit : « Non, pas ce soir. Demain non plus. Je suis désolée mais je travaille. Je ne pourrai pas te voir. » Bien sûr, elle ne pouvait pas empêcher Philippe de descendre : Aix-en-Provence appartenait à tout le monde. Mais s'il y tenait tant, il pouvait aller chez les Arrançay sans elle. Anne essaya d'imaginer ce qui se passerait si elle appelait son mari en plein voyage d'affaires à Londres ou Copenhague pour lui dire : « J'ai pu m'arranger, j'arrive ce soir. » Inimaginable ! Et pourtant, l'inverse paraissait normal : comme si ses projets étaient tellement moins importants que ceux de Philippe. Une fois de plus, il décidait et elle s'adaptait. C'est tout de suite qu'elle aurait dû dire non. Une volte-face tardive ne servirait qu'à éveiller ses soupçons.

— Tu ne manges pas ? l'interrogea Claude en consultant sa montre. Nous reprenons dans dix minutes. Tu as un problème ?

— Non. Enfin, oui. Je t'expliquerai...

Et Bruno, qui devait la retrouver ce soir ? Que lui dire ? Qu'elle n'était qu'une « petite-bourgeoise coincée », encombrée de son mari, de ses enfants et de ses principes ?

— Bon, fit Claude en se levant. Je t'attends dans le car. J'ai réglé l'addition.

Anne aurait voulu la remercier de son geste et du mot laissé ce matin. Mais, ainsi revêtue de son armure, Claude l'intimidait. Elle termina goulûment son assiette italienne et, son café avalé, se dirigea vers la cabine téléphonique, décidée à surmonter la réticence qui l'empêchait jusque-là d'appeler chez Denneval. Après trois brèves sonneries qui résonnèrent en battements sourds dans sa poitrine, une voix italienne, qu'elle reconnut immédiatement comme celle de Jackie l'assistant décorateur, lui répondit.

— Je voudrais parler à Bruno, prononça-t-elle avec une lenteur appliquée tandis que son pouls s'emballait.

— Ne quittez pas, je vous prie.

Elle l'entendit appeler Bruno.

— Bruno, c'est pour toi ! Une dame.

Des rires, un brouhaha de voix joyeuses lui firent écho. Ils devaient être nombreux à table et elle dérangeait. Elle hésitait à raccrocher quand sa voix vibrante, tellement différente, l'enveloppa.

— Allô, allô, disait-il. C'est toi, Anne ? (Il l'attendait donc. Il savait donc que c'était elle.) C'est toi, Anne ? répétait-il. Tu vas bien ?

Elle prit son élan.

— Oui, enfin non. J'ai un gros pépin, mon mari arrive ce soir. Il va rester pour le week-end. Je ne pourrai pas te voir.

— Ah, fit-il, à peine décontenancé. Jusqu'à quand ?

— Jusqu'à lundi matin, répondit-elle, brusquement déterminée, quoi qu'il arrive, à se libérer de Philippe au plus tard lundi dans la journée.

— Bien, fit-il sans émotion. Je t'avoue que cela m'arrange plutôt car ma mère ne va pas très bien. Cela m'ennuyait de la laisser seule avec Aurélia pendant tout le week-end. Si tu n'es pas libre, je vais descendre les rejoindre. Veux-tu que je t'appelle lundi ? Au bureau du festival ?

— Oui, dit Anne, vers cette heure-ci.

Elle raccrocha et resta là, la tête entre les mains dans le vain espoir de se libérer des sanglots qui l'étouffaient. Ainsi, cela « l'arrangeait plutôt ». Voilà tout ce qu'il trouvait à lui dire. Comme elle s'était trompée quand elle l'avait cru tendre et passionné. Au prix d'un immense effort, elle tira la porte vitrée, traversa la place et monta dans le car vidéo.

Claude venait de commencer sans elle les premiers cadrages.

— Yvon, demandait-elle avec cette douceur redoutable des grands autoritaires, pourrais-tu être assez gentil pour déplacer le portrait de Beethoven de un mètre sur la droite ? Voilà. Comme cela. Ah, je t'attendais, lança-t-elle à Anne sans se retourner. Veux-tu être assez gentille pour vérifier si la quatre est bien placée sur la clarinette ? On commence dans deux minutes.

Anne coiffa son casque et s'entendit articuler d'une voix claire :

— La quatre, Jean-Marie, tu m'entends ? Peux-tu faire un plan rapproché sur la clarinette ? Merci. Maintenant, tu serres encore un peu. Voilà.

Déjà, elle se sentait mieux. Elle retrouvait son unité. Ses gestes n'étaient plus hésitants ou saccadés comme ses pensées, mais calmes, précis. Sa voix, oppressée quand elle parlait tout à l'heure au téléphone à Philippe et à Bruno, se plaçait d'elle-même à sa juste octave.

A la pause, elle vint s'asseoir sur les marches de pierre du cloître Saint-Sauveur pour boire un coca à petites gorgées et s'étonna d'y prendre tant de plaisir. Était-elle guérie ? Mais guérie de quoi, au juste ? Avec une sorte de détachement, elle calcula que Philippe devait être à cette heure en route pour Orly et Bruno, pour Cassis. Tout était bien ainsi. En l'obligeant à annuler ce week-end tant attendu avec Bruno, le destin l'empêchait de s'engager sur un chemin trop périlleux. Or, elle ne voulait pas briser son mariage.

La voix de l'attachée de presse lui fit lever les yeux.

— Anne, vous voilà ! Je vous cherchais partout. Votre mari a téléphoné il y a une heure. Il demande que vous le rappeliez avant dix-neuf heures.

— Qu'y a-t-il encore ? maugréa-t-elle avant de s'arracher à ses marches tièdes.

De nouveau, en elle, ce tremblement, cette fébrilité de papillon qui n'en finit pas de se heurter à l'abat-jour. Comme elle restait vulnérable quand elle se croyait calme et forte.

Exceptionnellement, Philippe décrocha lui-même. Sous le coup de la surprise, toute l'agressivité qu'elle avait accumulée tomba net. Pour une fois, la voix de Philippe n'était pas « professionnelle ».

— Anne, ma chérie, fit-il d'un ton sincèrement désolé. Je t'attendais. Écoute, il m'arrive une tuile : Gomard a été reçu par le Premier ministre cet après-midi et il nous convoque demain matin à une petite réunion au sommet chez lui, à Marly, au sujet des licenciements du Mans. Nous ne sommes que quatre directeurs conviés. Je ne peux absolument pas y couper. Mais je saute dans le premier avion après déjeuner et je te retrouve dans l'après-midi chez les Arrançay. Je leur ai téléphoné. Ils t'espèrent pour ce soir. Je crois qu'ils donnent un dîner qui t'amusera.

« Réunion au sommet... Nous ne sommes que quatre conviés... » Elle lui sacrifiait Bruno sans hésiter mais lui ne songeait pas un instant à lui sacrifier cette satisfaction de vanité : une réunion au domicile du patron. Il s'inclinait comme un courtisan devant ce parvenu qui les menait tous à la hussarde et se jouait d'eux en leur tendant des hochets. Philippe ne se rendait donc pas compte que Gomard le manipulait : son patron l'aurait bien davantage respecté s'il avait su lui tenir tête... Mais à quoi bon entamer une telle discussion au téléphone...

— Bien, soupira-t-elle. Je t'avoue que cela m'arrange car nous avons beaucoup de travail. Laisse-moi un message demain chez les Arrançay. Je verrai si je peux y être pour déjeuner.

Il parut ennuyé.

— Tu ne peux pas y aller ce soir ? Tu es sûre ? Mais que fais-tu ce soir ? Ils t'attendent. Si tu n'y vas pas, il faudrait vraiment leur téléphoner car ils ont prévu ce dîner avec toi.

Pour le coup, il se moquait d'elle.

— Désolée, je n'ai pas le temps, coupa-t-elle. Tu

n'as qu'à les faire appeler par ta secrétaire. Maintenant, il faut que je te quitte. Ma pause est terminée depuis trois minutes. À demain, je t'embrasse.

Elle sortit tremblante de colère. Quand il l'avait appelée ce matin, Philippe se doutait sûrement que ses plans seraient bousculés. Elle s'en voulait de sa crédulité. Et elle en voulait à Bruno d'avoir pris la chose si calmement. Que devenait, au premier obstacle, le jeune et ardent amant ? Il n'avait pas eu un mot, pas même une intonation de jalousie amoureuse pour la faire changer d'avis. Elle mesura combien son « finalement, ça m'arrange » l'avait blessée. La petite phrase continuait de faire en elle son chemin. Elle écrirait à Bruno ce soir. Si finalement « ça l'arrangeait », alors autant ne plus se voir. Autant mettre fin à l'inquiétude dans laquelle elle vivait depuis leur rencontre. En marchant, elle engageait avec elle-même un dialogue imaginaire. Et bientôt, une autre voix se fit entendre : « Toi qui as toujours détesté les tyrans jaloux... Toi qui croyais rêver de relations paisibles, harmonieuses, fondées sur le respect et la tendresse... »

Oui, ce qui l'avait séduite chez Bruno, plus encore que sa jeunesse, c'était sa douceur. Mais aussi le désir qu'il avait d'elle. Sur le seuil du cloître Saint-Sauveur, elle s'arrêta pour tenter de mettre de l'ordre dans ses pensées.

Elle avait menti à Philippe. Il lui restait vingt minutes avant la fin de la pause. Elle entra. Le cloître était vide. Seules les chaises pliées, adossées au mur, témoignaient d'une affluence passée.

Par crainte sans doute d'un orage on avait enlevé le piano. Anne choisit pour s'asseoir l'emplacement entre deux colonnes d'où l'on pouvait le mieux admirer, au travers des branches d'un laurier-rose, la toiture de tuiles brunes rondes et le biscuit effrité d'un contrefort de la cathédrale. Le soleil était encore chaud. Elle ferma les yeux pour le savourer. Un bruit de petits pas les lui fit rouvrir. Un couple âgé s'était arrêté derrière elle pour contempler le même spectacle. Coiffé d'un canotier et vêtu d'une chemise blanche au col sagement ouvert sur son veston, l'homme s'appuyait sur sa compagne. Avec sa robe de soie grise à fleurs mauves, ses jambes étonnamment minces pour soutenir une silhouette corpulente et son teint rose sous un chignon gris impeccable, celle-ci semblait sortie d'un dessin du célèbre Faizant. Elle dominait son mari de la tête. Mais avec quelle attention et quel respect elle arrangeait son col, sans cesse soulevé et replié par le vent capricieux. Anne se demanda quel âge ils pouvaient avoir : quatre-vingts et soixante-quinze ans ? Davantage ? Pas une fois dans les rues d'Aix elle n'avait vu un jeune couple aussi tendre. Des couples d'« amoureux » se bécotant sur les places, se caressant au bord des piscines ou s'étreignant sous les porches, oui. Mais leurs enlacements avaient toujours quelque chose de bestial et d'appliqué à la fois. Ils s'embrassaient en public comme on accomplit une obligation : pour faire comme les copains et les copines. Mais ils semblaient n'avoir rien à se dire, rien à échanger. Elle suivit des yeux le couple qui ressortait du cloître en parlant à mi-voix. Fallait-il parvenir au seuil de la mort pour connaître la tendresse ?

6

Une voix connue la tira de sa mélancolie.

— Anne ! Quel bonheur de vous trouver ici !

Un moment, elle chercha à mettre un nom sur le visage fin du petit homme bedonnant et très « vieille France » qui l'interpellait, puis se souvint de l'avoir rencontré à un dîner-concert chez les Arrançay. Ce soir-là, Philippe étant absent — un voyage d'affaires en Allemagne —, le critique musical l'avait raccompagnée dans une vieille Mercedes aux sièges de cuir rouge fatigué. En lui baisant la main cérémonieusement devant la grille du jardin, il lui avait demandé : « Me feriez-vous l'honneur d'accepter de déjeuner avec moi un jour prochain ? » Et elle : « Oh, je craindrais de vous décevoir. Un homme d'une telle culture ! Je n'aurais pas grand-chose à vous raconter, et sûrement rien à vous apprendre. Je ne suis qu'une " besogneuse " vous savez, incapable de disserter sur la musique... »

L'avait-il mal pris ? Elle attendait toujours son invitation. Mais depuis cette soirée, elle lisait régulièrement les chroniques de Pierre-Antoine de Mézières. Avec un mélange d'agacement et de complicité, elle se le représentait déployant sa pochette de batiste blanche et se tamponnant délicatement les ailes du nez en signe de dégoût pour la musique contemporaine et pour les commentaires de cuistres de ses voisins. Sa façon de manier l'imparfait du subjonctif l'enchantait. Mais l'incroyable fatuité avec laquelle il décrétait qu'Olivier Messiaen et Pierre Boulez écrivaient la musique « avec leurs doigts de pied » l'exaspérait.

Un carnet de cuir à la main, Mézières se tenait très droit devant elle, souriant. Elle répondit à son sourire. C'était un spectacle tellement rare, en cette saison des touristes en short, que celui d'un homme en pantalon de gabardine et blazer qu'on en oubliait sa silhouette de pot à tabac et son crâne luisant piqueté de taches de rousseur.

— Que faites-vous ici ? demanda-t-elle en s'avisant de son étourderie.

— Mais je travaille, ma belle enfant. J'étais en train de prendre quelques notes sur Magali Renaldi qui donne un récital ici, demain, lorsque je vous ai vue entrer et vous asseoir. Merci du spectacle que vous m'avez offert : un vrai Greuze.

Elle fit mine de se lever.

— Non, ne bougez pas. Si vous saviez comme la courbe de votre bras contre ces colonnes enlacées est exquise. Que faites-vous donc seule ici ? Vous fuyez la horde de vos admirateurs ?

Elle ne put s'empêcher de rire.

— Depuis que nous nous sommes rencontrés chez les Arrançay, figurez-vous, je me suis mise à travailler.

— On m'a parlé, en effet, d'une boutique de styliste.

— Vous êtes bien renseigné. J'y ai passé quelques mois. Puis, je suis retournée à mes premières amours...

Elle s'aperçut que, par une sorte de mimétisme

involontaire, elle adoptait le même ton précieux que lui et termina d'une voix brève :

— Je travaille maintenant pour la télévision. J'enregistre des concerts. Le *Quatrième* de Beethoven. Vous y serez ?

— Bien sûr. D'ici là, me ferez-vous la grâce de m'accorder un déjeuner ou un dîner — avec monsieur votre époux, naturellement, s'il y consent ?

— Monsieur mon époux, comme vous le savez, est toujours très occupé. Il est retenu à Paris en raison du remaniement ministériel.

— Seriez-vous seule ce soir ? Puis-je me permettre de vous offrir ma triste compagnie ? Je vous promets de ne pas dire de mal de Messiaen.

Elle rit. Après un instant d'hésitation, elle lui donna rendez-vous sur la place d'Albertas, à cinq minutes de l'appartement de Claude. Elle ne désirait pas lui montrer l'endroit où elle habitait.

Il la raccompagna au pied du car et lui tendit la main pour l'aider à monter les trois marches métalliques.

Quand elle reprit sa place dans la cabine vidéo, elle se sentait beaucoup mieux. Séduire, même un être qui ne vous attire pas...

Elle arriva en retard au rendez-vous. Mézières l'attendait près de la fontaine de la place d'Albertas. Il affectait d'examiner avec une grande attention les vilains éclairages placés sous les fenêtres des hôtels XVIIIe. Mais dès qu'elle fut à l'entrée de la place, il se retourna et vint à sa rencontre. Elle nota, non sans un peu de gêne, qu'il ne portait pas son légendaire nœud papillon et qu'il gardait le col de sa chemise ouvert. Comme elle s'excusait de son retard, il l'interrompit.

— C'est un bonheur de vous attendre. Quel cadre admirable. J'ai toujours rêvé de voir donner sur cette place des concerts de musique de chambre. Cela fait des années que j'écris des papiers pour le suggérer. Sans succès. Elle a quelque chose de magique. (Il eut un geste excédé en direction du cours Mirabeau, d'où leur parvenaient des bouffées de jazz New Orleans.) Décidément, qu'ils soient de droite ou de gauche, nos hommes politiques sont tous aussi incapables de faire taire ces sauvages.

— Ah ? fit-elle. Moi qui les entends tous les soirs, je trouve cela plutôt gai.

Il lui prit le bras. Elle se dégagea avec un petit rire.

— Non, vraiment, je ne trouve pas ça si mal, cette musique de sauvage, insista-t-elle. Ça donne un air de fête. Il me semble que Mozart aurait été ravi qu'on joue *When The Saints* à sa porte.

Bruno, lui, eût aimé ce jazz et la légèreté exceptionnelle de l'air d'Aix ce soir. Cette soirée-là était faite pour eux deux. Où allait-elle avec ce type auquel elle n'avait rien à dire ? Pourquoi avoir accepté son invitation ? Sinon par dépit et par vanité.

— Ça, c'est votre côté gauchiste, ironisa-t-il. J'espère qu'il ne vous empêche pas d'aimer le foie gras de canard. J'ai découvert pour vous un très bon restaurant du Sud-Ouest.

Elle fut tentée de répliquer qu'ici, elle avait plutôt envie de cuisine provençale. Mais sa bonne éducation prit le dessus.

— Quelle bonne idée, dit-elle. Cela me changera des pizzerias auxquelles sont abonnées les équipes de télévision.

A peine eurent-ils fait cent mètres au-delà du périmètre touristique limité par l'archevêché et le cours Mirabeau qu'ils se trouvèrent seuls.

— C'est loin ? s'enquit-elle.

Elle regrettait déjà de s'être laissé entraîner hors de son territoire.

— Dix minutes à peine. Vous êtes fatiguée ? s'inquiéta-t-il.

Elle mentit.

— Non, mais je dois être au car à vingt-deux heures.

— Vous y serez. Nous sommes presque arrivés.

Il désigna une enseigne au bout d'une ruelle sombre et lui reprit le bras. Elle accéléra le pas malgré elle.

Le restaurant se trouvait au fond d'une cour. Des lumières tamisées mettaient joliment en valeur ses voûtes ocre.

— Pardonnez-moi, plaisanta Pierre-Antoine. J'aurais voulu retenir toute la salle pour vous seule. Mais ces sauvages (il désigna trois tables occupées au fond de la salle) n'ont rien voulu entendre.

Le maître d'hôtel les installa à une grande table ronde ornée d'un chandelier en argent et leur apporta, avec l'apéritif maison, d'imposants menus calligraphiés. Pierre-Antoine lui demanda de commenter les spécialités du jour. Visiblement, ce rituel lui procurait un très vif plaisir. Elle accepta ce qu'il lui proposait à condition que cela ne fût « pas trop long à cuire ». Le maître d'hôtel s'éloigna. Pierre-Antoine rapprocha sa chaise.

— Vous êtes comme la place d'Albertas, dit-il. Votre lumière intérieure irradie après le coucher du soleil.

Anne jugea le compliment risible mais ne put se défendre d'en être flattée. A son tour, elle chercha à lui dire quelque chose de gentil et qui la ramènerait sur un terrain où elle se sentirait plus à l'aise.

— J'ai beaucoup aimé ce que vous avez écrit de l'interprétation de Maria Gonzales dans *Don Carlos*, commença-t-elle. Vous avez parfaitement raison, elle a été merveilleuse dans les pianissimos. Seulement, comme l'an dernier elle n'avait pas été au mieux de sa forme dans *La Gioconda,* vos confrères ont décrété que la Gonzales déclinait.

— C'est que la plupart des critiques sont des imbéciles. Ils n'ont aucune culture musicale et aucune oreille, trancha-t-il avec cette suffisance qui l'avait déjà stupéfaite et amusée lors de leur première rencontre chez les Arrançay.

Elle le plaisanta : elle ne lui donnait pas entièrement tort. En revanche, elle ne partageait pas son engouement pour le jeune metteur en scène de *L'Enlèvement au sérail.* Le seul talent de Le Coz n'était-il pas d'avoir respecté Mozart ? Certes, le simple respect des auteurs devenait une qualité rare chez les metteurs en scène. Mais devait-on pour autant leur dresser une statue ? Peut-être parce qu'il n'avait que deux ans de plus que Bruno, ce Gilles Le Coz l'agaçait. Elle le revoyait, si sûr de lui, le premier soir, à Orange. Et puis, tous ces articles à son sujet, cette émission télévisée... Plus ou moins consciemment elle l'accusait de voler la gloire promise à Bruno.

Surpris de la voir s'animer ainsi, Pierre-Antoine la scrutait attentivement. Par jeu, il relança le débat.

— Parfaitement ! Un type qui déclare que « la modernité, c'est du bluff », moi, je suis tout prêt à lui dresser une statue. Pas comme au metteur en scène de *Don Carlos.* Celui-là croit sans doute moderne de placer Élisabeth et Don Carlos à dix mètres l'un de l'autre pour chanter un duo d'amour ? Et d'afficher une énorme rose rouge socialiste dans le cabinet de Philippe II ?

— Là, mon cher ami, je crains que vous n'ayez rien compris, répliqua-t-elle du ton dont on dit « pauvre con ». Ça n'a rien à voir avec le désir de paraître moderne. Un homme et une femme qui n'osent s'approcher l'un de l'autre de peur de ne pouvoir résister au désir de s'enlacer, n'est-ce pas beaucoup plus fort qu'un duo classique, la main sur le cœur, pour exprimer leur passion et leur déchirement ? Quant au personnage de Philippe, c'est un être tendre, au fond, et douloureux. Il y a en lui une rose cachée.

— Mon Dieu ! fit-il avec une pointe d'ironie amère. Je ne vous savais pas si fine analyste des chagrins amoureux des vieux messieurs !

Anne s'aperçut qu'elle l'avait blessé.

— Pardonnez-moi, dit-elle radoucie. Je me laisse un peu entraîner par mon zèle de conseiller musical débutant.

Il rit, en esquissant le geste de lui tendre la main en signe de réconciliation. Elle la toucha. Puis ils reprirent leur discussion sur un ton plus léger, mais toujours au bord de la cruauté.

Ils achevaient leur magret de canard et Anne constatait avec soulagement que le dîner serait terminé à l'heure dite quand une marchande de fleurs entra dans le restaurant. Elle leur proposa des bouquets de jardin composés de dahlias, de marguerites et de fleurs d'ail. Anne affecta pudiquement l'indifférence. Elle était habituée à voir Philippe repousser les fleuristes d'un geste un peu méprisant. Une fois seulement, il lui avait proposé : « Tu veux une rose ? » Mais le ton de sa question disait si clairement : « Tu n'en veux pas, n'est-ce pas ? Ce serait ridicule » qu'elle avait refusé. Sans l'interroger, Pierre-Antoine choisit trois bouquets. Il cueillit une petite rose qu'il mit à sa boutonnière et lui tendit les fleurs en la regardant dans les yeux. Elle le remercia et, comme pour chasser une onde de tristesse :

— Savez-vous que j'ai vu ce matin au marché

des bonnes sœurs qui vendaient les mêmes bouquets ? Oui : de vraies bonnes sœurs, avec des coiffes bleues et des robes de grosse cotonnade ceinturées de cuir.

Il n'écoutait pas. Il la regardait fixement, le visage soudain figé. Sur les poils gris visibles dans l'échancrure de sa chemise, perlaient des gouttes de sueur.

— Parlez-moi de vous, dit-il.

— De moi ? (Elle se crispa.) Mais vous savez tout : j'ai un mari, deux enfants.

— Je ne vous demande pas quelle est votre situation sociale, insista-t-il en souriant. Je ne la connais que trop bien. Vous ai-je dit que je détestais le mariage ? Oui, je crois vous l'avoir dit. Je déteste le mariage et ce qu'il fait des femmes : des êtres qui n'existent plus qu'à travers leur mari et leurs enfants. C'est pour cela que j'ai toujours refusé de me marier. J'aime trop les femmes. (Il eut un regard pensif.) Combien de jeunes filles sensibles, romantiques, imaginatives ai-je vues devenir des êtres transparents que l'on appelle « la femme d'Untel » ? La personnalité du mari n'est même pas en cause. Je connais des maris charmants. Le vôtre en fait partie, sans aucun doute, sinon vous ne l'auriez pas épousé. Non : je veux parler de ce phénomène de perte d'identité. Il se reproduit de façon inexorable et marque de son empreinte tous les gestes quotidiens, toutes les attitudes de la femme mariée. Si vous saviez comme c'est frappant, vu de l'extérieur. Au moment même où sa personnalité semble sur le point de s'épanouir, la jeune fille entre dans un moule. Elle finit par s'y couler — avec bonheur d'ailleurs, le plus souvent, tant il est vrai que la plupart des êtres n'aspirent qu'à la sécurité. Un jour, survient le réveil brutal. Presque toujours trop tard : le bouton de rose s'est fané avant d'éclore... Mais vous, vous êtes différente. Vous avez quelque chose d'intact. J'ai la vanité de penser qu'il faut être un peu connaisseur en roses pour savoir découvrir cette essence rare et l'apprécier à sa valeur. (Il respira amoureusement sa boutonnière.) Connaissez-vous cette phrase terrible d'Octave à Marianne dans *Les Caprices de Marianne* : « Vous êtes comme les roses de Bengale, Marianne : sans épines, mais sans parfum. » Vos épines je ne les vois pas, mais je les devine. Comme je les devine... Et votre parfum, on ne le sent pas quand on vous rencontre la première fois. Vous n'êtes pas de ces femmes qui se font annoncer par leur parfum. Mais quand on a respiré à côté de vous, on s'aperçoit qu'on en reste imprégné. Quel est votre parfum ?

— Appelons-le « Rose de Bagatelle », ironisa-t-elle.

Il lui prit la main gauche avec laquelle elle pianotait depuis cinq minutes sur la nappe rose. Elle se raidit. Emporté par son élan, il poursuivit pourtant :

— Vous a-t-on dit que vous aviez de très jolies mains ? C'est rare, pour une violoncelliste.

— Oh, mais cela fait si longtemps que j'ai abandonné ! soupira-t-elle en retirant sa main pour faire mine d'examiner ses ongles. Du temps où je travaillais mon violoncelle cinq heures par jour, j'avais les ongles très courts et carrés, un peu écartés au bout.

— Parlez-moi de votre vie de jeune fille. Comment étiez-vous à dix-sept ans ? A quoi rêviez-vous ?

Elle hésita, gênée par son insistance, puis céda à l'envie de tirer le fil des souvenirs.

— Je me souviens que je souffrais surtout de ne pas vivre comme les autres. Toutes mes amies sortaient, allaient au cinéma, à des surprises-parties. Moi, je restais à la maison avec mon violoncelle. C'était une vie monacale, qui me laissait à peine le loisir de rêver... Mon père avait décidé que je serais un jour une grande violoncelliste. Notez bien que j'aimais mon instrument. Je mesure aujourd'hui à quel point je l'aimais. Mais je souffrais beaucoup de la solitude.

Elle se tut, gagnée par une onde de nostalgie. Tout cela, dont elle ne parlait jamais, ce n'était pas à lui qu'elle éprouvait le besoin de le confier. « Pourvu, pensa-t-elle, qu'il n'aille pas prendre cette demi-confidence pour une invite. »

Elle promena un regard circulaire sur la salle. Comme s'ils craignaient de déranger un tendre tête-à-tête, les garçons avaient disparu. Brusquement, elle se sentit piégée. Cela la mit en colère contre Pierre-Antoine. Pourquoi n'était-il pas resté à sa place — celle de l'ami cultivé avec lequel on aime passer une heure de temps en temps pour s'enrichir intellectuellement ? Comment avait-il pu la croire sensible à ses ridicules compliments ? Elle s'en voulut de n'avoir pas été plus perspicace : si elle avait accepté ce dîner, c'est justement parce qu'elle pensait n'avoir aucun problème de ce genre avec lui. Elle détaillait la bouche précieuse et gourmande, le double menton, les mains dont la finesse lui parut presque obscène, la poitrine enfin, sous le col ouvert...

Inconscient de ce regard impitoyable, Mézières s'était lancé dans un monologue sur le thème de la solitude dans l'opéra.

— Excusez-moi, l'interrompit-elle d'une voix brève. Mais je vous avais dit : vingt-deux heures. Je crains d'être en retard.

— Vous ne m'écoutez pas, soupira-t-il. Je vous ennuie...

— Non, pas du tout. Mais je ne peux pas me

permettre de faire attendre toute une équipe. (Elle eut un faible sourire.) Je ne suis qu'un petit maillon de la chaîne.

Maintenant qu'il reculait sa chaise en faisant grincer les pieds sur le carrelage pour attirer l'attention du maître d'hôtel, maintenant qu'il semblait résigné à écourter ce tête-à-tête, la colère d'Anne retombait. Lui succédait une infinie compassion : cet homme méritait d'être aimé. Il aspirait comme tout être humain à être désiré pour son corps. Au nom de quoi lui déniait-elle jusqu'au droit d'être amoureux ? Elle enfouit le nez dans son bouquet, en méditant sur la rose de Philippe d'Espagne dont Bruno avait su lui faire découvrir le sens caché et sur ce paradoxe : qu'un jeune homme gâté par la vie lui eût révélé la douleur de cet homme mûr. Quelle solitude et quelle fragilité elle découvrait sous les traits suffisants de Pierre-Antoine. Elle reposa ses fleurs sur la table et le regarda. Il aurait pu rendre une femme heureuse. Une autre femme. Pas elle. C'était indépendant de sa volonté. Elle ne pouvait pas, elle ne pourrait jamais l'aimer. Dès qu'il s'approchait, des mots durs lui venaient aux lèvres. Et pourtant ! Quelle tendresse inassouvie elle portait en elle. Depuis sa rencontre avec Bruno, les digues ne contenaient plus ce fleuve sur lequel, parfois, elle marchait légère, mais qui, parfois aussi, l'emportait vers un destin qu'elle redoutait. Comme dans ces tragédies antiques dominées par l'implacable dessein des dieux, elle se sentait devenir le jouet d'une volonté extérieure.

La vision de son avenir, jusque-là si nette, se brouillait. Elle chercha un mot, un geste gentil.

— Merci de ce délicieux dîner, dit-elle au moment où le maître d'hôtel emportait l'addition. Je suis désolée de n'avoir pas été une compagne plus gaie. Mais je suis vraiment épuisée par ces journées dans le car d'enregistrement.

— Surtout, si vous avez envie de vous rafraîchir dans la piscine du Mirabeau, laissez-moi un message. Je viendrai vous chercher et je vous ramènerai à l'heure dite... Rien ne pourrait me faire davantage plaisir. Rien.

Il la regarda dans les yeux.

— Vous me croyez, n'est-ce pas ?

Il la raccompagna jusqu'à l'archevêché. Elle redoutait cette marche côte à côte dans un silence gênant, mais il sut la faire rire en lui croquant le portrait des dames « endiamantées » du festival de Salzbourg et des lords en smoking mal coupé pique-niquant au champagne sur le gazon mouillé du festival de Glyndebourne. En traversant la place de l'Hôtel-de-Ville, elle trébucha sur un pavé disjoint et s'appuya sur son bras. Il la retint par le poignet, qu'il garda enfermé dans sa main moite. Elle n'osa se dégager et ils marchèrent ainsi sans un mot. Lorsqu'ils se séparèrent enfin, il lui adressa un regard de cocker éperdu.

— Quand vous reverrai-je ?

Elle promit de lui téléphoner.

— Anne, fit-il tristement, vous n'avez même pas prononcé une fois mon nom.

Cet appel la toucha. Mais que lui répondre ? Elle n'arrivait pas à articuler son prénom ; Pierre-Antoine. Il lui semblait que, dans sa bouche, cela sonnerait pompeusement. Un peu honteuse, elle fit mine de n'avoir pas entendu. Après un rapide « au revoir et encore merci », elle s'éloigna vers le cloître Saint-Sauveur, soulagée qu'il ne cherchât pas à la suivre.

Une vision magique l'arrêta sur le seuil. Adossée au piano, la tête baissée, ses longs cheveux bouclés déliés sur les épaules, les bras légèrement écartés du buste et les mains ouvertes dans une attitude de prière naïve, la soprano Magali Renaldi chantait les *Kindertotenlieder* de Mahler. Mais était-ce vraiment elle qui chantait ? Son chant semblait descendre du ciel et sourdre des colonnes du cloître, baignées par le clair de lune. Bientôt, Anne eut l'impression qu'il montait du plus profond d'elle-même. Jamais elle n'avait ressenti un bonheur aussi déchirant, une souffrance aussi douce. La voix descendit d'une octave et ce fut en elle qu'elle descendit. Elle sentit des larmes d'abord discrètes, silencieuses, puis en flot continu lui couler le long des joues. Désemparée, elle gagna la zone d'ombre et s'assit sur une chaise pliante, le visage entre ses mains.

La cloche de la cathédrale sonna vingt-deux heures. Un brouhaha lui parvint de la place. C'était l'heure de l'entracte du concert Mozart. Dans la lumière jaune de l'ouverture percée entre le mur du cloître et l'archevêché, des spectateurs s'agglutinèrent derrière les barreaux tels des prisonniers, follement attirés par un chant d'un autre monde, par une vision fugace de la beauté. Puis d'autres curieux se massèrent à l'entrée du cloître, mais sans oser avancer. A peine le premier pas franchi, ils restaient saisis, paralysés par cette voix et cette vision mystérieuse d'une femme et d'un pianiste entre les ombres noires et mouvantes des lauriers. Sans paraître troublée ni par le bruit du dehors ni par les paires d'yeux fixés sur elle, Magali Renaldi se mit à marcher lentement en continuant à chanter comme pour elle-même. Puis elle revint s'accouder au piano. Un rayon de lune accrocha sa chevelure rousse et fit briller le verre d'eau posé sur le piano noir. Alors sa voix s'éleva, prenante, sauvage. Peu à peu, le murmure lointain et le tintement des verres et des bouteilles cessèrent. Les spectateurs se retirèrent sur la pointe des pieds. Anne demeura seule. Elle attendit la fin d'un lied de Strauss pour s'éclipser à son tour et descendre, heureuse et soulagée, vers la place d'Albertas.

En poussant la lourde porte de l'immeuble, elle aperçut, sur la console de marbre au pied de l'escalier, un bouquet. C'étaient les fleurs de Pierre-Antoine, qu'elle avait oubliées. Sous les fleurs, se cachait une longue enveloppe en papier toilé de qualité sur laquelle était inscrit d'une belle écriture élégante : « A Mme L. » « EV. » Elle la déchira et lut :

« Ce 26 juillet, vingt-deux heures. Vous en souvenez-vous ? Au moment où nous arrivions sur la place de l'Hôtel-de-Ville, votre pied a trébuché. Votre main s'est posée sur mon bras, comme un oiseau sur la branche. Et la branche était heureuse. Merci. » Signé : « Pierre-Antoine de Mézières. »

Elle eut un mouvement d'agacement. Comment s'était-il procuré son adresse ? Des yeux, elle chercha une poubelle pour y jeter la lettre. Puis elle se ravisa et la glissa dans son sac.

7

Deux bicyclettes d'enfant, l'une rose, l'autre bleu métallisé, barraient l'entrée de la bastide. Couchées en travers des deux marches, elles semblaient y avoir été jetées précipitamment : à la vue d'un Ovni, l'arrivée d'un cousin d'Amérique ou l'appel d'une cloche. Anne les porta jusqu'au banc de pierre en songeant à ses promenades d'autrefois dans le Médoc.

Elle aimait cette demeure aux murs solides dont la façade rose délavé s'écaillait par endroits. Elle pénétra dans le vestibule, ôta ses sandales pour jouir de la fraîcheur des tommettes sous les pieds et gravit sans bruit le grand escalier. Tout dormait. Isabelle d'Arrançay était partie conduire les aînés chez des cousins. Les petits devaient faire la sieste au fond du jardin sous la surveillance des deux jeunes filles au pair. Et les deux vieilles dames — l'ex-professeur de piano et l'ex-professeur de violon — avaient regagné leur chambre juste après déjeuner. Seul le ronronnement du lave-vaisselle, qui parvenait par la porte ouverte de l'office, amorti comme celui des moteurs d'un grand paquebot immobile, indiquait que la maison était habitée.

Elle avait eu tort, par désir puéril de se prouver son indépendance, de ne pas profiter plus tôt de l'hospitalité des Arrançay. Cette bastide lui paraissait maintenant le lieu idéal pour travailler sa musique entre deux plongeons dans la piscine.

Sur le palier du premier étage, une paire de baskets pleines de sable trônait sur un fauteuil Louis XIV recouvert d'une tapisserie ancienne. Elle fut tentée de mettre fin à ce sacrilège en secouant les baskets par la fenêtre mais elle se retint. Il eût fallu aussi ranger la raquette de tennis abandonnée sur le beau pétrin Louis XIII et se mettre à quatre pattes pour ramasser les flocons de poussière sous les coffres de noyer patiné. Ce réflexe de ménagère avait très vite fait place à une sorte d'indulgence. Mieux : à une connivence amusée. Dans cette familiarité, cet affectueux irrespect pour les meubles et les beaux objets que d'autres eussent exhibés dans des vitrines, elle commençait à voir un art de vivre qui distinguait peut-être l'aristocratie de la bourgeoisie. De la même façon qu'une bibliothèque aux livres brochés, cornés et jaunis distingue les vrais lecteurs de ceux pour qui les livres sont un élément de « standing ».

Bien qu'elle eût laissé les volets clos et les portes entrouvertes, elle trouva sa chambre mansardée suffocante. Elle se laissa tomber sur le couvre-lit de percale provençale en cherchant vainement sous ses pieds nus un peu de fraîcheur. Où aller ? Dehors ? Sous les platanes ? L'ombre devait y être aussi fallacieuse que celle des combles. Le plus sage serait de rester sans bouger, d'économiser son énergie. Avant de reprendre son découpage du *Quatrième concerto pour piano* de Beethoven, elle s'accorda quelques minutes de flânerie à travers *La Naissance du jour* de Colette. Elle ouvrit le livre au hasard. Quand elle retrouvait un auteur avec lequel elle se sentait en amitié, elle n'utilisait pas de marque-page. Il lui arrivait de revenir en arrière ou de sauter quelques feuillets. La trame du récit lui importait moins que la saveur de chaque notation, le ton particulier de l'auteur, sa musique. Une phrase qu'elle n'avait pas notée lors des premières lectures la retint. « Une des grandes banalités de l'existence, l'amour, se retire de la mienne. L'instinct maternel est une autre grande banalité. Sortis de là, nous nous apercevons que tout le reste est gai, varié, nombreux... » Gai ? Le souvenir de sa soirée avec Pierre-Antoine lui laissait une pénible sensation. Des mots crus et blessants qu'elle aurait eu honte de formuler l'assaillaient encore. Elle le revoyait : pâle, la bouche tremblante, se tamponnant le front avec son mouchoir. La peau de son cou distendue. « Après cinquante ans, se répéta-t-elle, impitoyable, les hommes, pas plus que les femmes, ne devraient porter de col ouvert sans foulard. » Même les mains du critique musical, des mains fines bien manucurées, des mains d'esthète raffiné, lui avaient paru presque répugnantes avec leur désir de la caresser. Comment un critique si féroce, un esprit aussi « pointu » s'agissant des autres pouvait-il manquer à ce point de lucidité sur son propre compte ? Elle tira sa lettre de son sac. « La branche était heureuse... » La formule aurait dû la faire rire, et pourtant, elle la charmait. Bruno lui écrirait-il un jour ainsi ? Elle l'aimait romantique. Mais elle devait cesser de rêver. Le monde était plein de solitaires errant désespérément en quête de l'âme sœur. Plein aussi de « truqueurs ». Machinalement, elle feuilleta l'un des vieux magazines posés sur sa table de chevet. Photos de couples heureux : le petit-fils d'un industriel du bâtiment avec une jeune héritière du champagne, tous deux potelés, en bikini. Une princesse de Monaco allongée dans le sable en maillot de bain très provocant, aux pieds d'un champion de tennis planté les jambes écartées comme s'il allait la prendre tout de suite devant les photographes. Puis, dans un jardin fleuri de Normandie, un chanteur à l'abondante chevelure frisée avec sa jeune femme en bermuda et leurs enfants. Tout ce monde souriant béatement, sur commande. A les regarder, la vie paraissait si simple : il suffisait d'être jeune et pas trop mal bâti, de pratiquer ensemble le tennis ou la planche à voile et de porter des bermudas assortis, et l'amour vous tombait du ciel. Ces amours en couleurs sur papier glacé, pourtant, elle n'arrivait pas à y croire. Il y avait quelque chose de faux — « de menti » comme elle disait, petite fille — dans tous ces clichés. Ne les croyait-on pas heureux aussi, Philippe et elle ? Sur les photos, ils arboraient un sourire qui leur donnait une ressemblance. Les gens disaient : « Quel joli couple » ou « Comme ils vont bien ensemble » et elle l'avait cru. Elle s'était satisfaite de cette image conformiste et rassurante, indéfiniment propagée par les albums de famille et les magazines du dimanche.

Philippe. L'heure de son arrivée approchait et déjà, elle ne se sentait plus la même. Elle s'était fait des illusions, ce matin, quand, toute à sa surprise de se trouver pour la première fois si bien chez les Arrançay, elle avait cru à son indépendance. Plus encore que la canicule, la présence de son mari, déjà sensible dans cette chambre, l'oppressait. Attendre Philippe, sortir, rentrer avec lui, se mettre au lit... Tout lui demandait un effort, tout la culpabilisait. Aussi loin qu'elle put remonter dans ses souvenirs, elle n'avait jamais été détendue auprès de son mari. Il suffisait d'un mot de lui un peu sec, d'un regard indifférent, d'un manque d'attention pour qu'elle fût blessée. Huit jours avant son départ, elle s'était commandé des fleurs. Et comme il lui demandait d'un ton faussement dégagé d'où venait ce bouquet, elle avait éclaté : « J'ai décidé de m'en offrir moi-même puisque tu n'y penses jamais — sauf bien entendu pour les fêtes que tu notes avec un soin maniaque dans ton agenda, ce qui te permet de te prendre pour un mari irréprochable. » Comme il faisait mine de protester, elle s'entendait encore ajouter d'un trait : « Pour moi, comprends-tu, un bouquet de fleurs, c'est justement ce qu'on offre, pour rien, pour le seul plaisir de faire plaisir... » « Quand tu auras fini de jouer les Madame Bovary je pourrai peut-être placer un mot ? » devait-il alors lâcher avec un soupir excédé. Et elle gardait en elle la trace de ce soupir. « Tu vois, lui dit-elle ce soir-là. Nous ne sommes pas capables de nous rendre heureux. Mais nous sommes capables de nous faire mal. »

Combien de temps cela allait-il durer ? Combien de temps deux êtres qui ne s'étaient peut-être jamais aimés sauraient-ils trouver, avec une précision d'acupuncteur, leurs points les plus sensibles ?

Par la porte du couloir — laissée ouverte dans le vain espoir d'entretenir un courant d'air — lui parvinrent quelques notes, un peu trop haut perchées, de la partition de Don Ottavio dans *Don Juan :*

S'ella sospira, sospiro anch'io...

Sam, le jeune ténor américain, se faisait la voix. Elle se rappela sa promesse de descendre l'entendre. Tandis que le fils aîné de la famille, Arnaud, l'élève de l'ENA, servait le déjeuner avec une simplicité qui pouvait paraître le comble du snobisme, Sam, emporté par son récit au point d'en oublier de tendre son assiette, lui avait raconté « la naissance de sa vocation ».

Fils d'employés, il n'avait, à l'âge de vingt ans, jamais entendu de musique — sauf si l'on appelle « musique » les mixages pour supermarchés et le rock des juke-boxes. Jamais il n'était allé à un concert. C'est seulement à la chorale de l'université qu'un professeur de chant lui avait dit : « Mais vous avez un timbre de ténor ! C'est très rare. Il faut travailler ça. » La découverte de sa voix le laissait émerveillé. Il répétait « timbre de ténor », en ouvrant des lèvres comme pour croquer une friandise. Anne fut tentée de lui demander si son charmant zézaiement d'Italien d'opérette datait du jour de la révélation de son « timbre de ténor ». Mais l'enthousiasme de Sam désarmait l'ironie. Il venait d'obtenir, confia-t-il, plusieurs contrats en Europe, et il considérait comme une chance extraordinaire d'être ici à Aix chez Isabelle d'Arrançay, et de se faire auditionner demain matin au théâtre de l'Archevêché par le directeur du festival en personne. Assisterait-elle à cette audition ? Il en serait si heureux ! Anne s'était excusée : le lendemain matin, son équipe de télévision comptait sur elle. Mais cet après-midi, peut-être, s'il travaillait sa voix...

Sam interrogea du regard le vieux professeur de piano, la « tante Suzanne », comme l'appelaient les enfants. Depuis un moment déjà celle-ci les écoutait en poussant du bout de sa fourchette, avec des airs qui se voulaient délicats, un morceau de pain. Elle montra ses petites dents pointues.

— Je ne suis pas très en doigts, minauda-t-elle. Cela fait bien trois mois que je n'ai pas mis les mains sur un piano. Mais enfin, entre amis, si cela peut vous dépanner...

Il fallait tenir sa promesse. Elle descendit les rejoindre.

Ils ne s'interrompirent pas lorsqu'elle poussa la

porte. Simplement, il lui sembla que la « tante Suzanne » plaquait son accord un peu fort et que Sam écarquillait ses yeux noisette. Assis dans une bergère recouverte de velours pêche, le ventre un peu en avant, les jambes croisées, sa main droite accompagnant — avec une sorte de désinvolture à défaut de grâce réelle — les inflexions de sa voix, il chantait en arrondissant la bouche. Son aria terminée, il se leva en remontant son pantalon d'un geste familier (il était plutôt élancé mais, comme les jeunes enfants, il n'avait pas de taille, ce qui l'obligeait à tirer constamment sur sa ceinture). Sans saluer Anne — puisque l'on voyait bien qu'il était en scène — il s'approcha de la pianiste en modulant, la mine complice, le couplet de Figaro, « Suzanna, Suzanna ».

— Vous l'avez entendu du troisième étage, n'est-ce pas ? demanda Suzanne. Les enfants, eux, l'ont entendu de la piscine. Il a vraiment la voix bien placée.

— Est-ce qu'on pourrait reprendre cela un peu plus vivement ? demanda Sam, guettant l'approbation d'Anne. Qu'en pensez-vous ?

Anne ne répondit pas. Avant même que le téléphone sonne, une secrète angoisse l'avertit. Tout en espérant follement que ce serait Bruno — mais comment aurait-il pu se procurer son numéro ? —, elle savait que ce serait Philippe. Elle se précipita dans le vestibule pour répondre avant la cuisinière espagnole. C'était lui.

— Finalement, annonça-t-il de sa voix professionnelle, je peux arriver ce soir. J'ai réussi à faire reporter la réunion de samedi. Je pars tout de suite. Je prends l'avion de dix-huit heures qui arrive à Marseille-Marignane à dix-neuf heures zéro cinq. (Il prononçait le « zéro cinq » avec une précision toute SNCF.) Peux-tu venir me chercher ?

De nouveau, cette culpabilisation.

— Non, je suis désolée, répondit-elle d'une voix oppressée. Je croyais te l'avoir dit : nous avons une répétition cet après-midi.

— Bien, lâcha-t-il brièvement. Je me débrouillerai. Je prendrai un taxi. Ou bien je louerai une voiture. A quel endroit et à quelle heure puis-je te retrouver ? Où a lieu ta répétition ?

Surtout, l'empêcher d'y venir. Même à l'extérieur du car, la présence de son mari accroîtrait la tension et rendrait plus difficile un travail qui relevait de la haute voltige. Elle lui donna rendez-vous à vingt heures en bas du cours Mirabeau, au restaurant que lui avait indiqué la veille sa secrétaire : le Noailles.

— Non, plutôt l'Amadeus, rectifia-t-elle.

— L'Amadeus ou le Noailles ?

— L'Amadeus, je crois. Enfin, le grand café-restaurant avec des parasols jaunes en bas du cours Mirabeau. Tu ne peux pas te tromper. Installe-toi et si je ne suis pas là à huit heures, commence à dîner. Surtout, commence à dîner sans moi, implora-t-elle. En principe, je sors vers sept heures et demie, mais nous avons tellement d'ennuis que je peux être retardée.

— Bien. Alors rendez-vous à vingt heures à l'Amadeus, conclut-il, agacé.

Elle raccrocha, soulagée qu'il n'eût pas songé à l'interroger sur ses prétendus « ennuis » mais déjà prisonnière de l'horaire qu'elle venait de lui fixer. Derrière elle, une voix laissa tomber : « Fait chaud. » Maria, la cuisinière, l'observait du seuil de sa cuisine en s'essuyant le front avec son avant-bras. Le spectacle de la grosse femme l'occupa un instant. « Fait chaud », répéta Maria.

— Oui, opina-t-elle en se demandant pourquoi les habitants des pays de soleil semblaient toujours souffrir de la chaleur bien plus que les autres.

Elle regarda sa montre : quatre heures, déjà. Dans moins d'une heure, elle devait être au pied du car. Et dans trois heures, Philippe serait à Aix. Elle aurait dû se presser. Mais elle ne parvenait pas à s'arracher à ce fauteuil près du téléphone.

La porte du salon s'ouvrit. Suzanne apparut, souriant de toutes ses petites dents.

— Ah, fit-elle, nous avons bien travaillé. Nous avons mérité un peu de repos sous le figuier.

Suivie de Sam qui psalmodiait toujours « Suzanna, Suzanna », en faisant les yeux ronds, Suzanne ouvrit la porte. Un faisceau de lumière coupa le vestibule. Anne vit la vieille fille descendre à pas hésitants les marches éblouissantes. Elle l'entendit parler à quelqu'un, probablement l'une des jeunes filles au pair.

— Vous l'entendiez de la piscine, n'est-ce pas ? Il a une voix très puissante. Pourtant, c'est un ténor.

Sam se mit à arpenter de long en large le gravier blanc avec une sorte d'exaltation. Maintenant il se prenait pour un baryton et chantait à mi-voix la ritournelle de l'oiseleur de *La Flûte enchantée.* Habité par son rêve, il semblait si heureux de se glisser du rôle de Don Ottavio dans celui de Papageno que sa candeur finissait par inspirer une sorte de respect. De temps à autre, cependant, une de ses vocalises, trop aiguë, lui échappait pour venir crever comme une bulle à la surface de l'air immobile et suffocant.

« Allons », dit Anne en se levant. Elle chercha les clés de sa voiture et, d'un pas qui se voulait énergique, sortit sur le perron brûlant. Les deux bicyclettes d'enfant avaient disparu, échappées vers on ne savait quelles aventures.

8

Elle avait pensé le faire attendre. Après tout, il prenait son week-end et elle travaillait. Puis, Claude ayant décidé d'arrêter la séance de magnétoscope à dix-neuf heures trente, Anne résolut d'arriver la première à l'Amadeus. Pour une fois, elle serait installée dans la place avant lui. Elle le verrait entrer et pourrait observer sa démarche d'un air narquois tandis qu'il ferait mine de la chercher et jetterait un coup d'œil à sa montre.

Mais Philippe était déjà là. Attablé devant un Martini, il lisait *Le Monde.* Elle nota non sans agacement qu'il portait une cravate club et une chemisette rayée. Ces chemisettes à l'américaine dont les manches courtes et flottantes lui donnaient un air de garçonnet quand il ôtait son veston, c'était encore une innovation que l'on devait à Gomard. Le P-DG de la SNE affectionnait ce style américain efficace ou collégien attardé. Il ne l'imposait pas, évidemment. Mais il ne se trouvait pas depuis trois mois à la tête du groupe que tous les cadres l'adoptaient. Elle s'approcha discrètement par-derrière. Avec sa chemisette, son mari lui parut tout de même l'homme le plus chic de la terrasse. Il croisait avec élégance ses jambes de gabardine beige et tournait les pages de son journal avec une désinvolture d'habitué. Elle remarqua aussi son teint hâlé. Le tennis, sans doute : Gomard attachait une grande importance à la pratique de ce sport.

Philippe leva les yeux.

— Je ne t'attendais pas si tôt ! s'exclama-t-il.

— Moi non plus. Je n'espérais pas être là. Mais Claude a l'art de diriger une équipe. Comme nous avions beaucoup cravaché ces derniers jours, elle a senti qu'il fallait relâcher la pression. Exceptionnellement, je suis libre jusqu'au concert de dimanche soir. Nous n'aurons qu'une petite séance de travail demain après-midi.

Il ôta ses lunettes pour l'examiner.

— Tu n'as pas beaucoup bronzé, constata-t-il, étonné.

— On ne bronze pas, tu sais, dans un car vidéo. Pourtant, j'ai meilleure mine. Si tu m'avais vue il y a trois jours à Orange, j'étais sur les genoux. Les débuts ont été vraiment très durs.

— Ah ? fit-il, sceptique.

Elle se lança dans un récit détaillé : les répétitions jusqu'à une heure du matin, les séances de projection et de montage, parfois douze heures par jour dans le car ; la scripte qui les lâchait, l'orchestre qui menaçait de se mettre en grève si on lui imposait les éclairages de la télévision. Et ses maux de tête qui reprenaient... Philippe écoutait, vaguement condescendant, en attendant de placer à son tour ce qu'il avait enduré : la chaleur effroyable de Paris, les tergiversations du gouvernement sur les licenciements à l'usine du Mans et, pour finir, le « clash » entre Gomard et le ministre de l'Industrie.

— Gomard a sérieusement songé à démissionner, assura-t-il. Il a raison. Mais s'il l'avait fait, je ne sais pas si je serais encore directeur financier à l'heure qu'il est. Les petits copains d'en face ne m'auraient pas raté. Ils n'attendent que cela.

Un serveur se présenta.

— Je te commande la même chose? s'enquit Philippe. Un Martini-gin, s'il vous plaît.

— Non, dit Anne, un Pim's, s'il vous plaît monsieur.

Philippe souleva un sourcil.

— Tiens? Je ne t'ai jamais vue boire ce truc-là.

Le garçon apporta le Pim's bien glacé dans un grand verre renflé. Anne y cueillit une feuille de menthe qu'elle se mit à sucer avec application. Philippe l'entretenait maintenant de son « tennis elbow »... et de ses chemises, mal repassées par la femme de ménage. A propos, la machine à laver venait de tomber en panne. Il envisageait de la remplacer...

Tout en sirotant son Pim's, Anne examinait son mari à la dérobée. Plutôt « beau mec », eût dit Marianne. Ses tempes légèrement grisonnantes donnaient un peu d'humanité (d'autres auraient dit de « séduction ») à un profil trop régulier. Que lui manquait-il donc pour avoir du charme? Pourquoi s'ennuyait-elle tant avec lui? Et pourquoi ne parlaient-ils plus ensemble que de problèmes matériels?

Elle l'interrompit.

— As-tu des nouvelles de Pascaline? Elle ne m'a écrit qu'une fois et je n'ai pas pu lui téléphoner. Il y a un monde fou à la poste et le téléphone de l'appartement est coupé.

— Je l'ai appelée trois soirs de suite. Elle était sortie les trois soirs. Elle ne s'ennuie pas! Mais je suis plus inquiet pour Frédéric. Ta mère t'a dit, pour ses douleurs au ventre?

Elle changea de visage.

— Non. Qu'est-ce que c'est que cette histoire ? J'ai reçu une lettre hier. Tout allait très bien.

— Eh bien, hier après dîner il paraît qu'il s'est plaint de douleurs au ventre et qu'il a vomi. Ta mère devait me rappeler ce matin au cas où ça n'irait pas mieux. Elle ne l'a pas fait. J'en conclus donc que c'est fini. Il a dû prendre froid à force de rester dans l'eau avec sa planche à voile. Enfin, j'espère que ce n'est pas l'appendicite.

Anne était consternée.

— Mais pourquoi maman ne m'a-t-elle pas appelée ?

— Elle ne savait pas où te joindre.

— Comment cela ? On peut toujours me laisser un message au bureau du festival, tu le sais parfaitement. Et toi ? Pourquoi ne m'en as-tu pas parlé au téléphone ?

— J'avoue que j'ai oublié. Apparemment, je te dérangeais. Dans cette bousculade...

Elle scruta Philippe attentivement. Il réussissait à garder un visage impassible. A cet instant précis, elle se dit qu'elle le détestait.

— Mais ne t'inquiète pas, ajouta-t-il. Telle que je la connais, ta mère m'aurait rappelé.

Anne n'écoutait pas. Un jeune homme venait de sortir de la cabine téléphonique sur le trottoir. Elle s'y précipita, bourra l'appareil de toutes les pièces de monnaie dont elle disposait et composa le numéro de sa mère. La sonnerie résonna « occupé ». Fiévreusement, elle le composa à nouveau. En vain. Elle laissa reposer l'appareil un instant avant de faire une troisième tentative. Ce que sa mère pouvait être bavarde au téléphone ! Mais peut-être se débattait-elle pour trouver un médecin en urgence, un vendredi soir ? Elle imagina Frédéric tout pâle, vomissant ses entrailles en se tenant le ventre à deux mains... Une clinique...

La clinique des Pins. Pourquoi ce nom lui revenait-il ? C'est là que son père avait été opéré d'urgence. Appendicite, lui aussi, péritonite aiguë. Mais non, ce n'était pas possible. Son instinct l'aurait avertie. Frédéric, son bébé... Elle se reprocha amèrement de l'avoir presque oublié pendant trois jours. Elle avait menti à Philippe. Sa dernière lettre ne datait pas de jeudi, mais de mardi. Le troisième essai fut tout aussi infructueux. Que faire ? Retourner attendre dix minutes auprès de Philippe, puis revenir ? Mais que lui dire ?

Bruno devait être arrivé à Cassis. Depuis qu'elle avait commandé son Pim's, cette pensée ne la quittait pas. Appeler Bruno. Elle avait été stupide de raccrocher si brusquement hier, sous le coup de la déception. Il attendait son appel, certainement. Sinon, il n'aurait pas insisté pour lui faire noter sur son calepin son numéro à Cassis. De lui-même l'agenda s'ouvrit à la bonne page : Cassis. Elle aima l'écriture haute, résolument penchée à droite, pleine de fougue.

Une dame âgée — sa mère, sans aucun doute — répondit. « Bruno n'est pas encore arrivé, mais il m'a appelée pour me demander si vous ne lui aviez pas laissé un message. Il sera là dans une demi-heure. Ah ! il va être désolé de vous avoir manquée. Si vous pouviez le rappeler... »

Anne promit de le faire et s'excusa d'être coupée — il ne lui restait plus de pièces. Elle revint vers Philippe tout essoufflée.

— Tu aurais des pièces de cinq francs ? demanda-t-elle sans le regarder. Nous avons été coupées.

Il lui tendit la monnaie rendue par le serveur. L'instant d'après, sa mère lui répondait enfin.

— Maman ! Que se passe-t-il ? Frédéric est malade ? Pourquoi ne m'as-tu pas prévenue ?

— Mais non, ma chérie. Il avait seulement pris froid au ventre. Je n'ai pas voulu t'inquiéter pour rien. Mais il reste beaucoup trop longtemps dans l'eau. J'ai beau le lui répéter, il ne m'écoute pas. Je te le passe.

— Maman !

La voix joyeuse fit déborder en elle colère et joie mêlées.

— Frédéric ? C'est toi, mon grand ? J'étais folle d'inquiétude ! Je ne veux plus que tu restes des heures dans l'eau ! Tu m'entends ? Ton père est d'accord avec moi : si tu n'obéis pas à mamie...

Elle raccrocha, heureuse. Il lui restait trois francs. Avec un peu de chance, peut-être Bruno serait-il arrivé ? Elle rappela Cassis. La vieille dame affectueuse l'accueillit à nouveau d'une voix désolée : elle attendait toujours Bruno. Anne s'en doutait. Mais d'entendre sa mère le rendait plus proche.

Sans se presser, elle marcha vers le parasol jaune sous lequel Philippe faisait toujours mine de lire *Le Monde*.

— Tout va bien, dit-elle en s'asseyant. (Elle termina d'un trait son Pim's.) Tu m'as fait une belle peur pour rien.

— Pour rien ? fit-il, narquois. Tu aurais entendu ta mère au téléphone !

Il n'acheva pas sa phrase. Visiblement, il cherchait la détente. Il la laissa s'essuyer les lèvres puis, gentiment :

— Tu as eu Frédéric ?

— Oui, il va très bien. Mais je l'ai grondé. Je lui ai interdit de rester si longtemps dans l'eau.

— Tu as bien fait, approuva-t-il. Ta mère n'a aucune autorité sur lui. (Il replia son journal avec soin.) Si tu n'as pas d'obligation, je t'emmène dîner. Les Arrançay sont pris ce soir, n'est-ce pas ?

Ils ne comptent pas sur nous ? J'ai réservé une table dans une auberge au pied de la montagne Sainte-Victoire, Gomard m'en a dit le plus grand bien.

Gomard, encore lui ! Elle ne savait plus que penser. Sortir de la ville la tentait. Il lui semblait qu'elle respirerait mieux sur les hauteurs. Mais une bonne adresse de Gomard... Ce ne pouvait être qu'un endroit prétentieux, voué à l'inévitable « nouvelle cuisine ». Enfin, quelle importance... Dans trois jours, Bruno serait là. Sur sa terrasse. Dans sa chambre. A moins de trois cents mètres d'ici.

— Ça m'amuserait, dit Philippe, de voir l'endroit où tu vis. C'est loin d'ici ? Tu as une terrasse, m'as-tu dit ? Ça doit être superbe, sur ces toits ?

Comment avait-il deviné ? Elle le croyait dénué d'intuition, et tout à coup, il en révélait de fulgurantes. Lisait-il en elle ?

— Une terrasse, c'est beaucoup dire, se défendit-elle. C'est assez « crado ». Un vieil immeuble... Je ne sais pas si tu aimerais. Enfin, pour le peu de temps que j'y passe... Non, ce n'est pas très loin, mais cela m'ennuierait de déranger Claude. Comme je lui ai dit que je ne coucherais pas là pendant trois jours, elle a probablement invité des amis.

— Ah, fit-il, intéressé. Elle a un jules ?

Un jules ? Elle détestait ce mot. Quelle vulgarité. Inconsciemment, Philippe cherchait à rabaisser tout ce qu'elle approchait. Elle eut envie de répliquer : « Oui, et à propos, moi aussi... »

— Je ne sais pas, répondit-elle en détournant les yeux. Elle est si secrète.

Avec ses parasols géants de toile écrue et sa vue sur la montagne Sainte-Victoire, l'auberge indiquée par Gomard ne manquait pas de charme. En leur présentant son grand menu et son impressionnante carte des vins, le patron discourut avec aisance sur Cézanne et Van Gogh, et sur les mérites comparés du côte-rôtie et du châteauneuf-du-pape. Philippe était à son affaire. A l'abri de sa carte, Anne se laissait aller à sa rêverie. Elle revoyait le monastère bénédictin face au mont Ventoux, la descente à moto à travers les blés fauves et l'arrivée à l'auberge italienne... Mais le patron du restaurant s'inclinait vers elle :

— Aujourd'hui, disait-il d'une voix suave, nous vous proposons des petites lasagnes à la cervelle d'agneau. (Il arrondit les doigts.) C'est très léger, très fin...

— Oui, fit Anne enchantée, des lasagnes.

— Et ensuite, madame ?

— Ensuite ?

La voix de Bruno lui murmurait encore : « Tu veux une tarte aux fraises ? Une chambre ? » Aussitôt la commande passée, elle irait téléphoner.

Une serveuse apporta une bouteille dans un seau à champagne et deux hautes flûtes. Philippe lui en tendit une.

— Bonne fête, ma chérie. Bonne fête, Anne.

Surprise, elle hésita.

— Bonne fête ?

— C'est ta fête aujourd'hui : le 27 juillet. Tu l'avais oubliée ?

— Oui, murmura-t-elle. C'est gentil d'y avoir pensé. Merci.

Elle ne téléphonerait pas ce soir à Bruno.

Tout à son plaisir d'avoir déniché une « bonne adresse », Philippe ne parut pas remarquer son malaise. Il l'interrogea sur le festival. Ce Gilles Le Coz, la « révélation de l'année » selon la presse, comment le trouvait-elle ? Et que pensait-elle du *Barbier de Séville* dont la critique disait tant de mal ? Elle n'en pensait rien du tout, avoua-t-elle un peu lasse, pour la raison qu'elle ne l'avait pas encore vu. Il ne s'en rendait pas compte, mais elle travaillait vraiment beaucoup.

Tout à coup, elle s'aperçut qu'elle achevait de grignoter la croûte de son petit pain rond : il offrait maintenant l'aspect lamentable d'une boule de mie déchiquetée. Philippe, lui, découpait le sien bien proprement en quatre. A chaque fois qu'il en beurrait un quart, il rassemblait du tranchant de la main les miettes éparses sur la nappe, puis les remettait dans la soucoupe. Cet exercice semblait lui procurer une vive satisfaction, comme tous les gestes méticuleux qu'il accomplissait quotidiennement : tapoter une cigarette sur son étui avant de l'allumer, écraser un mégot dans un cendrier, noter quelque chose de sa fine écriture sur son calepin. « 27 juillet, fête Anne » : il avait dû l'inscrire un mois à l'avance et donner la consigne à sa secrétaire de le lui rappeler avant-hier...

La jeune serveuse en tablier blanc déposa devant elle une assiette creuse contenant une rondelle blanche sur une rondelle noire, le tout entouré d'une légère sauce orangée...

— Ça, des lasagnes ? fit-elle, amusée.

Elle ne se rappelait pas avoir revu le patron de l'auberge italienne en partant. Bruno avait dû payer la chambre d'avance.

— C'est exquis, dit Philippe. C'est très fin. Tu n'aimes pas ?

Elle frissonna légèrement. Quelque chose de soyeux venait de caresser ses jambes nues. Elle se pencha pour ramasser son sac. Sous la table, un jeune chat siamois l'observait de ses yeux de porcelaine bleue.

— Si, répondit-elle, troublée. C'est délicieux.

Elle avait horreur des chats. Élevée dans l'amour

des chiens, elle éprouvait depuis l'enfance une véritable répulsion à l'idée de toucher un coussin, un fauteuil, une couverture ou n'importe quel objet imprégné de l'odeur et de la chaleur d'un chat. La dernière fois, elle s'en souvenait très précisément, cela se passait dans un restaurant du parc de Saint-Cloud : chez Marie-Antoinette, les marronniers étaient en fleur. Une brise légère balayait leurs flocons blancs sur les nappes en papier. C'est au cours de ce déjeuner qu'elle devait annoncer à Philippe sa décision d'abandonner son « job » à mi-temps dans une boutique de mode pour tenter sa chance à la télévision. Quelle histoire ! Un chat gris ayant laissé des poils sur le coussin vert de sa chaise et s'obstinant à bondir sur le siège voisin, il fallut appeler le maître d'hôtel pour la débarrasser de ce voisinage importun. Excédé, Philippe fit mine de se lever pour partir à la recherche d'un restaurant « mieux tenu ». Elle se souvenait de cette expression : « mieux tenu ». Une autre petite phrase, ce jour-là, s'était gravée en elle. Alors qu'elle lui exposait avec une ardeur inhabituelle sa crainte de se retrouver seule et désœuvrée quand les enfants commenceraient à « vivre leur vie », et le désir profond qu'elle éprouvait de « se réaliser » en retrouvant sa « vocation première, la musique », Philippe l'avait interrompue avec un petit sourire : « Tu n'es pas Chopin, tout de même... »

Quel mal il lui avait fait, avec cette boutade ! Chaque fois qu'elle lui revenait à l'esprit, la blessure se réveillait, toujours aussi vive... « Le vase où meurt cette verveine, d'un coup d'éventail fut fêlé... » La fêlure ne cessait de progresser.

Elle regarda Philippe. Bruno n'aurait sans doute pas pensé à lui souhaiter sa fête. Mais il ne lui aurait jamais jeté ce « Chopin » à la figure. De cela, elle pouvait être sûre.

— A quoi penses-tu ? demanda son mari.

— A rien, répondit-elle comme d'habitude. Elle aurait voulu répondre : « A Chopin » ou encore : « A de vraies lasagnes comme on les fait en Italie. » Mais à quoi bon cette allusion, qui ne serait comprise que d'elle ? Elle se sentait alanguie, un peu molle, envahie par une étonnante sensation de bien-être et de chaleur. Le champagne ? La fatigue ? C'est alors qu'elle s'aperçut que le chat siamois reposait sur ses genoux. Comment y était-il parvenu ? Elle n'avait rien vu ni senti : pas une griffe, pas même un frôlement. Mais soudain, il lui semblait que ce poids si léger comblait un creux, un manque, une attente de son ventre, depuis si longtemps. Une chaleur très douce gagnait ses cuisses, son estomac et maintenant le dessous de ses seins comme elle se penchait d'instinct en avant, pour protéger le chat du regard de Philippe. Précautionneusement, elle avança la main dans la fourrure miel, prête à l'ôter tout aussitôt si le chat réagissait, et redoutant l'instant où elle sentirait sous ses doigts les os si frêles de son cou. Mais son bien-être ne fit qu'augmenter. Alors, elle enfouit plus avant sa main, les doigts écartés pour mieux sentir entre les jointures la caresse de la fourrure.

— Ah, la garce ! s'exclama Philippe. Elle ne se gêne pas ! Et tu ne disais rien ? (Il se souleva de son siège en se retournant à demi.) Maître d'hôtel ! Maître d'hôtel !

— Non, dit Anne d'une voix de gorge. Laisse. (Elle rit.) J'ai fait des progrès, tu vois. J'ai changé. Je n'ai plus peur. Tu as vu ces yeux bleus extraordinaires ?

Le visage de Philippe s'était fermé.

— Ils sont verts, corrigea-t-il.

9

Pourquoi le miracle ne se reproduisait-il pas ? La voix qui l'avait fait pleurer l'autre soir dans ce cloître Saint-Sauveur ne la touchait plus. Malgré la magie du lieu, l'émotion était absente.

Elle accusa le mistral qui faisait osciller les branches des lauriers, puis la lumière de l'après-midi qui ôtait son mystère au visage trop plein de Magali Renaldi. Mais le vent ni le soleil n'altéraient le son. Anne se pencha vers Philippe. Les bras croisés, la tête légèrement de côté, la mâchoire tendue, il semblait écouter la soprano avec une grande attention. Écoutait-il vraiment ou se donnait-il une contenance ?

— Que ce programme peut être ennuyeux, lui glissa-t-elle.

Il lui jeta le regard offusqué d'un surveillant d'étude dont l'élève a troublé la torpeur en laissant tomber son crayon. Sans insister, elle se cala dans son inconfortable chaise pliante en croisant les bras. Le menton appuyé sur une main dans une pose qu'elle ne put s'empêcher de juger affectée, Isabelle d'Arrançay, assise devant elle, lui offrait son profil. Savourait-elle la musique comme le donnait à croire l'expression de recueillement peinte sur son visage ? Ou bien regrettait-elle de n'avoir pas mis un collier de plus pour cacher les plis de son décolleté trop bronzé ? Pour la première fois depuis qu'elle la connaissait, Isabelle la touchait par sa vulnérabilité : « Vous verrez, lui avait-elle dit au bord de la piscine en lui proposant sa crème antirides. Après cinquante ans, les chairs vous lâchent. C'est le cou, surtout, qui vous trahit. » En regardant la série de bracelets qu'Isabelle aimait à faire bruisser contre sa montre en or, Anne avait alors compris pourquoi tant de femmes tenaient à s'encombrer de ce qu'elle appelait « toute cette quincaillerie ». Les bras aussi, après cinquante ans... Et les jambes ! Pourquoi Isabelle portait-elle si souvent des bermudas ? Sinon parce que le bermuda, qui cachait les cuisses mais dévoilait des genoux et des mollets lisses et bronzés, la rajeunissait.

Jusqu'à présent, Anne avait toujours eu du mal à comprendre ce refus d'accepter son âge et ce besoin pitoyable de se rajeunir. Elle croyait ne pas redouter la vieillesse. Parfois, devant Pascaline et Frédéric, elle évoquait même non sans gaieté le jour où elle deviendrait grand-mère. Elle se voyait déjà avec un ruban de velours noir autour du cou. Brusquement, elle prenait conscience que sa rencontre avec Bruno, si elle ne la faisait pas encore entrer dans la grande confrérie des femmes hantées par l'âge (elle appartenait du moins à celle des femmes hantées par le poids), la rendait plus sensible et plus attentive à leurs obsessions. Un matin, dans sa chambre d'hôtel à Orange, elle s'était mise à faire de la gymnastique. Elle s'attardait plus longuement devant le miroir, étonnée de découvrir sur son visage et son corps les marques de l'âge, alors qu'intérieurement elle se sentait rajeunir. Elle regardait les autres d'un œil nouveau. Elle percevait des signes qui l'eussent auparavant laissée indifférente. Si l'on avait reparlé devant elle du « vieux barbon » qui remontait à cheval malgré son lumbago parce qu'il était amoureux d'une jeune cavalière ou de cette « vieille peau » (une femme de la cinquantaine) dont tout le Racing Club se gaussait parce qu'elle avait offert une moto à un « gigolo », elle n'aurait pas ri comme autrefois. Sans doute même se serait-elle sentie secrètement blessée. Comme s'il s'agissait d'une sœur. Comme si elle pressentait que, bientôt, son tour viendrait d'être ainsi raillée.

Est-ce la mélodie de Richard Strauss qui lui inspirait ces réflexions mélancoliques ? Ou bien la musique s'accordait-elle à son humeur ? « Mais où sont les neiges d'antan ? » chantait Magali Renaldi. « Comment est-il possible que l'enfant que j'étais jadis puisse un jour connaître la vieillesse ? » Dans cette belle aria nostalgique de la maréchale du *Chevalier à la rose,* la voix de la soprano retrouvait sa vibration intime du premier soir. Comme la comtesse des *Noces de Figaro,* la maréchale, éprise d'un adolescent, demeurait cependant lucide. C'est cette lucidité qui faisait la grandeur des deux rôles, leur noblesse. Cette lucidité qui fondait peut-être la seule supériorité des femmes sur les hommes en pareille situation. Mais elle n'y changeait rien. Au contraire : ces femmes amoureuses allaient jusqu'au bout de leur destin. Elles aimaient d'autant plus qu'elles savaient leur amour sans lendemain. Au reste, quel amour ne l'était pas ? Il était temps d'apprendre à vivre au présent. Si Bruno la rejoignait lundi soir, elle se promettait d'être insouciante. Elle ne refuserait plus le bonheur... Elle saurait enfin « cueillir les roses de la vie », comme eût dit Pierre-Antoine.

Autour d'elle, on applaudissait. Le récital s'achevait. Philippe et les Arrançay se levèrent. En face, au premier rang, Anne reconnut, debout entre Claude et un critique musical, le metteur en scène de *L'Enlèvement au sérail*, Gilles Le Coz. Depuis le soir de la première répétition de *Don Carlos*, elle ne l'avait pas revu. Une ou deux fois, elle s'était reproché de l'avoir éconduit. Ensuite, cette publicité, autour de lui... Derrière Claude se tenaient deux autres membres de l'équipe de télévision. Anne chercha des yeux « la petite Marie » et ne la trouva pas. Brusquement, elle eut honte. Elle aurait voulu rester assise, cachée. Sa place était là-bas, parmi les « petites Marie », dans le monde des coulisses et pas dans celui des notabilités et des mélomanes privilégiés. Certes, la frontière entre les deux semblait presque invisible. Bon nombre de ses camarades auraient pu être invités chez les Arrançay et le seraient sans doute un jour. Il suffisait de présenter Claude à Isabelle. « Isa » serait ravie d'élargir le cercle de ses bonnes œuvres culturelles. L'espèce « réalisatrice de télévision » manquait à ses dîners. « Appelez-moi Isa », dirait-elle à Claude. Oui, c'était aussi simple que cela. Pourquoi tardait-elle tant à se lever pour aller chercher Claude et présenter Philippe à son équipe ? Elle en vint à bénir son retard : comme ils n'avaient trouvé de places qu'au fond du cloître, ils durent attendre pour sortir que la petite foule des spectateurs se fût dispersée sur la place de l'Archevêché. Enfin parvenus devant le bar où Claude et les siens avaient leurs habitudes, ils n'y trouvèrent, en grande discussion avec le rédacteur en chef d'un magazine de gauche, que Pierre-Antoine de Mézières. Isabelle entreprit de convaincre les deux journalistes (que tout opposait, à l'exception de leur commune passion pour Mozart) de monter dîner à la bastide « en toute simplicité ». Pierre-Antoine accepta de bonne grâce dès qu'il aperçut Anne. Sorel, en revanche, donnait l'impression d'être tombé dans un guêpier. Il finit pourtant par céder à cet argument d'Isabelle : « Nous aurons Ghislaine de Cabran, Marie-Hélène de Riberolles, Pier-Luigi Lavarelli, Anne et Philippe Lemonnier (elle les présenta d'un geste qui fit tinter ses bracelets) plus quelques amis musiciens qui vous changeront de vos hommes politiques. »

Anne examina avec curiosité cet enfant de mai 1968 devenu la coqueluche du Tout-Paris. Sa voix gouailleuse à la radio et l'insolence de ses titres, sinon de ses éditos, le lui avaient fait imaginer plus jeune et moins « embourgeoisé ». Le front dégagé par une calvitie naissante et les yeux vifs derrière les lunettes d'écaille appartenaient à un intellectuel. Mais la bouche à la lèvre inférieure épaisse, la mâchoire empâtée et l'estomac moulé par une chemise rose (la même, constata-t-elle avec une pointe de dépit, que celle qu'elle venait d'acheter pour Bruno) disaient l'appétit de jouissance et la vanité. On attribuait à Sorel une liaison avec une jeune soprano. Elle se demanda s'il l'amènerait au dîner ou s'il préférerait venir seul recueillir les compliments d'une comtesse et d'une marquise.

Selon la coutume instaurée pour ses « dîners-concerts » parisiens, Isabelle avait fait dresser plusieurs tables rondes et un grand buffet. Après l'apéritif autour de la piscine, les invités jugèrent délicieuse la fraîcheur de la bastide, et quand Isabelle annonça : « Maria nous a préparé une paella géante », ajoutant que, pour ceux qui n'aimaient pas la sangria, il y avait « du bandol du domaine de nos cousins », tout le monde s'écria : « Quelle idée de génie ! »

Anne se retrouva à côté de Mézières et en face de Sorel — lequel était encadré de deux aristocratiques marraines du Comité du festival. Une romancière à la mode descendue de sa maison du Luberon et deux hommes politiques, l'un député socialiste, l'autre maire gaulliste d'une grande ville voisine, complétaient la table. Un esprit naïf aurait pu penser que les maîtres de maison avaient commis une erreur en invitant deux adversaires politiques à la même table. C'eût été ignorer que deux élus du même bord se surveillent et se font mutuellement de l'ombre. Tandis que deux adversaires sont toujours enchantés d'échanger des confidences et quelques malicieuses rumeurs sur leurs amis respectifs. C'est ce qui se produisit : les deux hommes rivalisèrent d'abord de culture musicale. Après quoi, soucieux de démontrer qu'il n'avait rien contre les écoles chrétiennes, le député socialiste placé à la droite d'Anne conta ses souvenirs de chorale religieuse. Il s'appelait Cazari ou Cazarelli.

— Vous êtes corse ? s'enquit-elle.

— Né à Marseille, mais de père corse et de mère lorraine, ce qui fait un mélange bien français et très patriotique, répondit-il en repoussant crânement une mèche poivre et sel.

Elle se demanda ce que pensait Bruno de ses compatriotes corses, et comment il aurait apprécié ce dîner. L'aurait-il savouré d'un œil de metteur en scène ou jugé rapidement ennuyeux ? Son intuition lui disait qu'ils eussent été complices, tour à tour amusés et agacés. Elle revit leurs petits déjeuners sur la place du Commerce à Orange, quand ils regardaient passer les personnages qui font les matins ordinaires d'une petite ville de province traversée par une vague touristique et jouaient à imaginer leur vie.

— Et vous ? l'interrogeait le député. Vous êtes de la région ?

Elle ne répondit pas. Mézières lui offrait du

bandol qu'il assurait avoir « volé » pour elle. En face, le maire gaulliste, un peu mortifié de n'avoir pas la vedette, tentait d'accaparer la conversation en rapportant, sur le ton de la confidence importante, des propos tenus par l'ancien président Giscard d'Estaing à l'entracte, aux Chorégies d'Orange. Paul d'Arrançay se penchait en avant, intéressé. Les yeux rivés sur la jolie bouche gourmande de sa voisine, Sorel, quant à lui, n'écoutait la conversation que d'une oreille distraite. La jeune comtesse lui vantait son château dans la Durance : « Passez donc nous voir en remontant sur Paris, insistait-elle. Nous sommes là jusqu'à la fin septembre et nous avons une exposition sur Giono et la musique qui vous amusera. »

Sa liberté d'allure et de ton, qui tranchait singulièrement avec le style compassé de son mari, de vingt ans plus âgé qu'elle, faisait soupçonner qu'elle ne l'avait épousé que pour son château et son titre. L'impudeur avec laquelle elle offrait sa bouche à Sorel disait en tout cas, de façon gênante pour les autres convives, son désir de s' « encanailler ». A part des ongles douteux — qu'Anne remarqua au moment où il empoignait la bouteille de bandol pour resservir sa voisine —, Sorel, pourtant, n'avait plus grand-chose de commun avec le jeune baroudeur de 1968, disciple d'un Sartre ouvriériste. Son attirance visible pour les signes les plus conventionnels d'ascension sociale (il portait une montre C et une ceinture H) témoignait, comme sa façon de mâcher son cigare, de son appétit d'embourgeoisement. Quel double malentendu ! Quelle déconvenue pour la comtesse quand elle comprendrait que son « intello » de gauche n'était qu'un notable repu de repas d'affaires. Et pour le « révolutionnaire », quand il s'apercevrait que sa comtesse était une authentique roturière. Inutile de posséder, comme s'en vantait la romancière, un « don de voyance ». Il suffisait de les regarder tous les deux pour lire la suite de leur histoire...

Anne se demanda si leur « histoire » à Bruno et elle était aussi « lisible » et ce qu'aurait pensé d'eux la romancière si elle les avait vus ensemble à cette table. Son attention s'évadait de plus en plus. Être ici et là en même temps, naviguer entre deux conversations comme entre deux eaux, dialoguer dans sa tête avec Bruno tout en répondant à ses voisins de table l'avait divertie un temps. Maintenant, elle éprouvait le besoin de se retrouver dans son jardin clos, seule avec son secret. On allait servir le café dehors. Elle en profiterait pour s'éclipser. Prétextant un mal de tête, elle monterait dans sa chambre et lorsque Philippe l'y rejoindrait, elle dormirait. Mais son mari vint vers elle au moment où elle s'apprêtait à se lever de table. Il s'appuya au dossier de sa chaise.

— Tu t'es bien amusée ? demanda-t-il de fort bonne humeur. Moi, j'avais une table très brillante. Ils ont commencé par me plaisanter sur mes magnétoscopes, comme toujours, quand ils ont appris que j'appartenais à la direction de la SNE. Mais ensuite, nous avons surtout parlé « histoire ».

Philippe, qui se prétendait incapable de lire un roman, adorait l'histoire.

— J'ai surtout bavardé avec le comte Hugues de la Semblière — ou de la Ferrières —, poursuivit-il. Un homme très cultivé. C'est un descendant d'un aristocrate qui se battit avec La Fayette pour l'indépendance de l'Amérique. Il possède des archives passionnantes dans son château de la Durance. Il nous invite à y passer un week-end. Qu'en penses-tu ? Cela me paraît sympathique ? Ils font une exposition sur Giono et la musique qui devrait t'intéresser...

— Pourquoi pas... fit Anne.

Ils rejoignirent les autres invités près de la piscine. Soucieuse de mettre en vedette tour à tour ses invités, Isabelle lançait une discussion sur le thème « les femmes écrivains, les femmes libres en général ». On fit cercle autour de la romancière. Elle assura que cette expression de « femmes libres » ne voulait rien dire pour elle : toutes les femmes — et d'ailleurs aussi tous les hommes qu'elle connaissait — n'aspiraient désespérément qu'au grand amour, « c'est-à-dire à un état de complète dépendance ». Ce fut un excellent prétexte pour raconter des potins. Le cas d'une journaliste de la télévision qui se trouvait ce soir au concert mais n'avait pu venir dîner divisa l'assemblée. A quarante-cinq ans, elle venait, disait-on, de « plaquer le monsieur avec qui elle vivait depuis dix ans » : un homme très important, patron de l'une des plus grosses agences de publicité françaises. Mais le plus choquant, c'est qu'elle ne le quittait pas pour un autre homme, mais pour vivre seule. Ou bien, selon certains ragots, pour vivre avec une femme. Une artiste peintre « pratiquement inconnue... ».

La façon dont Isabelle prononça ce « pratiquement inconnue » en disait long : aux artistes célèbres, cela va de soi, on pardonne ces sortes d'excentricités...

Quant au publicitaire, on cita les interviews où il expliquait : « Pourquoi j'ai réussi là où les autres ont échoué » et certains ne cachèrent pas leur satisfaction de le voir recevoir une leçon. Ce Desmaret se vantait trop de son prétendu « charisme ». On le « voyait trop partout ». Mais la plupart des convives, les femmes mariées, surtout, condamnaient la journaliste.

— La vérité, dit l'une, c'est qu'il l'a beaucoup

trop gâtée. Il l'emmenait en avion privé à Megève ou à Saint-Tropez. Il lui faisait rencontrer des tas de gens importants. Sans lui, elle n'aurait pas pu obtenir toutes ces interviews.

— Bien sûr, ajouta une autre : il continuait à passer ses week-ends en famille. Mais elle avait des « compensations ». Ce n'est pas avec ce qu'elle gagne... A quarante-cinq ans, elle ira grossir la foule de toutes ces femmes seules sans avenir professionnel et sans retraite qui donneraient n'importe quoi pour trouver un homme qui les entretienne...

Anne n'aimait pas se mêler à ce genre de conversations. Depuis sa rencontre avec Bruno, elle les fuyait encore plus, pressentant qu'à peine le dos tourné elle serait à son tour la proie des mauvaises langues. Mais Claude lui avait beaucoup parlé de Corinne, la journaliste en question. Selon elle, son publicitaire la trompait « à tous les coins de rue » — ce qui ne l'empêchait pas de jouer les Othello et de lui faire des scènes grotesques dès qu'elle allait interviewer un homme connu. Pour les vacances, il la faisait venir depuis des années dans un hôtel proche de sa villa en Corse. Elle y vivait seule, attendant les rares visites de ce père de famille exemplaire. Mais le plus dur avait été son refus de donner à Corinne l'enfant dont elle rêvait. Trois enfants de son épouse légitime lui « suffisaient », déclarait-il. Corinne avait perdu tout espoir de le voir divorcer. Elle savait maintenant qu'il ne renoncerait jamais à rien pour elle.

Spontanément, sous le coup d'une colère inhabituelle, Anne intervint au milieu du débat.

— Moi, je la comprends, cette fille. La seule chose qui m'étonne, c'est qu'elle ait pu supporter ce monsieur si longtemps. Non seulement il n'a pas voulu lui donner d'enfant, mais en dix ans il ne lui a jamais offert de vacances en tête à tête. Les avions, les réceptions, les voyages professionnels, oui, tout ce qui était utile à son standing à lui, mais jamais il n'a eu la moindre attention pour elle. Alors, vivre seule... (Anne baissa le ton, continuant de parler comme pour elle-même) est-ce que cela ne vaut pas mieux que de vivre ainsi ? Y a-t-il pire solitude que de souffrir d'un tel manque d'harmonie ?

Elle s'interrompit brusquement, rougissante, consciente d'en avoir trop dit. Elle sentait physiquement dans son dos le regard excédé de Philippe. Elle tenta de le fuir en s'approchant de la table roulante où l'on servait le café. Un gros cigare à la bouche, Pierre-Antoine se tenait sous les pins, un peu à l'écart.

— La colère vous va très bien, lui glissa-t-il tandis qu'autour d'eux reprenait le bourdonnement des conversations. Mais j'ai été privé de vous ce soir, moi qui n'étais venu que dans l'espoir de poursuivre notre conversation. Vous avez trouvé mon message ?

Elle fit un pas vers lui. Il était le seul être capable ici, ce soir, de la comprendre.

— Oui, répondit-elle en lui posant légèrement la main sur le bras. Merci. Mais comment avez-vous eu mon adresse ?

Jean de La Semblière les rejoignit, un verre de cognac à la main.

— Vous avez tout à fait raison, ma chère amie, déclara-t-il. N'est-ce pas, cher ami ? (Il salua Pierre-Antoine de la tête.) Nos bourgeois d'aujourd'hui traitent leur femme et leurs maîtresses comme des bonnes à tout faire. Quand ils leur offrent des voitures, des bijoux et des fourrures ce n'est pas pour leur faire plaisir, c'est par souci de standing... ou parce que c'est un bon investissement. Les aristocrates du XVIIIe ne traitaient pas leurs femmes ainsi. Ils les trompaient, certes, et elles le leur rendaient bien, mais ils éprouvaient pour elles une réelle considération. Pendant tout le XVIIIe les femmes ont tenu un rôle très important. Je ne parle pas de la Pompadour, mais voyez Mme de Boignes, Mme de Genlis, Mme du Châtelet... Toutes ces femmes écrivains, férues d'art et de sciences, toutes ces femmes d'esprit qui nous ont laissé des mémoires rédigés d'une plume légère et dans une langue admirable. C'est elles qui formaient les hommes et ce rôle leur était reconnu par tous...

Surprise, Anne tourna vers lui un regard amusé et reconnaissant. Elle s'était trompée sur le compte de Jean de La Semblière. Il était bien plus fin qu'il ne le paraissait. Au premier coup d'œil sur ce visage coloré dont les cheveux blancs accentuaient la rougeur, elle lui avait trouvé un air de colonel de l'armée des Indes ou de hobereau voué à la chasse et au cognac. A lui seul, décida-t-elle dans un élan de gratitude, il rachetait tous ces aristocrates embourgeoisés dont l'appétit d'argent et le goût pour les « honneurs » (à défaut d'honneur tout court) la décevaient.

— Qu'allez-vous penser de moi si je vous avoue n'avoir lu ni Mme de Boignes, ni Mme de Genlis ? lui lança-t-elle, rieuse.

Quand elle referma la porte de la chambre mansardée où elle se serait sentie si bien toute seule, Philippe, qui n'avait pas desserré les dents en montant l'escalier, lui lança :

— Tu ne trouves pas que c'est un peu démodé, le MLF ?

— Que veux-tu dire ?

— Ta sortie sur cette fille qui a plaqué ce P-DG pour vivre avec une lesbienne. Tu ne crois pas que c'est un peu ridicule ? C'est le style de tes copines MLF gauchistes de la télé qui déteint sur toi, ou quoi ?

Elle haussa les épaules. Quand cesserait-il de la considérer comme une faible enfant influençable, incapable de jugement personnel ?

— Ça n'a rien à voir, répliqua-t-elle sèchement. Tu es complètement à côté de la plaque. Je ne suis pas féministe, tu le sais parfaitement. Mais ce type n'a jamais aimé cette fille, voilà tout. Il ne l'a jamais rendue heureuse. D'ailleurs, ton ami le comte qui te plaît tellement est tout à fait de mon avis.

— Lui ? Tu m'étonnes.

Jusqu'à deux heures du matin, ils discutèrent ainsi — de la chambre à la salle de bains et de la salle de bains à la chambre (si l'on peut appeler « discuter » cet échange de rafales sèches suivies de lourds silences) — sans qu'aucun d'eux se résolût à déchirer le voile et à avouer que ce n'était pas d'une journaliste et de son protecteur qu'ils parlaient, mais bien d'eux-mêmes : d'elle, épouse mal aimée, souffrant de n'être pas considérée. De lui, mari surmené, blessé de voir que tous ses efforts pour assurer le bien-être de sa famille, la sécurité de sa femme et l'avenir de ses enfants restaient méconnus.

Malgré le désarroi enfantin qui les poussait à rechercher l'un contre l'autre une chaleur animale ils se couchèrent en évitant de se toucher, chacun à un bout du lit. Mais leurs corps, mus par une longue habitude, se trouvèrent presque malgré eux, s'étreignirent et se donnèrent une jouissance rapide. Comme Anne se recouchait sur le côté, apaisée malgré elle par ce plaisir dont elle avait cherché à effacer la trace aussitôt par une douche froide, le nom de Bruno lui vint aux lèvres, comme un appel. Toute la soirée, elle avait senti sa présence par ondes successives. Soudain, il s'éloignait. Son visage devenait flou.

10

— Caméra cinq : Jean-Claude, tu me fais un zoom plus lent, s'il te plaît. Plus large, plus large... Je voudrais voir le toit. Là... encore un peu de ciel... parfait.

Accoudée à la table de commandes, les yeux fixés sur l'écran de gauche, Claude ajusta son casque.

Le théâtre de l'Archevêché, coiffé de son chapiteau de biscuit doré naïf comme un dessin d'enfant, entrait maintenant tout entier à l'intérieur du petit écran. La caméra prit du recul pour laisser voir un ciel étoilé, puis se recentra, non sans avoir accroché le détail d'un balcon de fer forgé.

— Merci, dit Anne, touchée du clin d'œil.

Lors de la précédente répétition, elle avait admiré à voix haute les arabesques noires de ce balcon imaginé par le décorateur pour un opéra de Rossini. Jean-Claude, son cadreur favori, s'en était souvenu. Ce mélomane, qui opérait depuis douze ans au festival d'Aix, l'enchantait par sa délicatesse et sa culture.

Entretenue par son père et son mari dans l'horreur des « pédés », Anne avait mis un certain temps à admettre que Jean-Claude et deux de ses collègues les plus fins « en étaient »... et à comprendre qu'elle appréciait justement en eux leur intuition féminine. En leur compagnie elle ne se sentait jamais sur la défensive, mais complice... Elle se reprochait d'avoir nourri si longtemps des préjugés à l'encontre des homosexuels et elle en voulait à Philippe de les lui avoir inculqués. A son père, elle pardonnait ce sectarisme. Question de génération. Mais Philippe ! ce culte du « macho » dans lequel l'entretenait Gomard révélait une faiblesse pitoyable.

Laissées en liberté pour quelques minutes, les quatre autres caméras se promenaient, caressant au passage une bouche boudeuse ou un sein tremblant, soulignant la courbe d'une taille et d'une hanche qui faisait contrepoint à celle d'un violon, grossissant le détail un peu grotesque d'un mouchoir sous le menton d'un altiste ou d'un clip en faux diamant sur la robe de taffetas noire d'une violoniste, révélant cruellement les arcs de sueur sous les bras levés. Anne observait ces visages et ces corps avec une attention passionnée. Son nouveau métier lui apprenait à regarder. Elle découvrait les couleurs comme une aveugle à qui l'on aurait tout à coup donné la vue. Tout l'intéressait, l'émerveillait. Plus elle les observait et plus elle se demandait si la plupart des musiciens n'étaient pas privés d'œil : comme si l'oreille s'était, chez eux, développée au détriment des autres sens ou comme si, trop enfermés dans leur solitude, ils avaient renoncé à regarder autour d'eux et à plaire. Pour un altiste élégant, à qui son archet levé entre les yeux donnait une allure de mousquetaire saluant crânement de son épée, combien de silhouettes avachies, les pieds en dedans, le ventre en avant ou les épaules déjetées... Certains visages, surtout, étaient émouvants de disgrâce. Celui-ci, avec ses cheveux gras et raides et son long nez fin, évoquait un abbé de cour ; celui-là, un charcutier. Celle-ci, à la coiffure blond platine aux racines noires et la robe fendue jusqu'aux cuisses, pouvait passer pour une putain ; celle-là, avec sa mise en plis impeccable, pour une ménagère endimanchée. Mais qui savait la vérité ? Quinze jours dans les coulisses du festival lui avaient ôté beaucoup d'a priori. Tous ces musiciens, cependant — ou presque tous —, possédaient un trait commun : le long tête-à-tête avec leur instrument et l'humiliation de vivre dans la « fosse » d'orchestre sans avoir réalisé le rêve de leur mère (« mon fils deviendra un grand soliste ») les conduisaient à se replier sur eux-mêmes comme des boutons de rose flétris avant d'éclore. Dans leur diversité, ils finissaient par attraper une espèce d' « air de famille » — de famille triste. Si elle avait poursuivi sa carrière de violoncelliste, peut-être aurait-elle pris elle aussi ces plis amers aux coins de la bouche et des yeux.

Sur l'écran de droite, la caméra remontait la travée centrale. Elle balaya un homme en costume beige — le seul, ce soir, à porter une veste : Philippe. Bras croisés, il montrait un visage fermé. Mais, à la différence des musiciens, volontairement fermé, avec ostentation. Elle n'en fut pas surprise : ces types en short qui allaient et venaient, accrochant une pince à linge ou déplaçant un pupitre et une chaise, ces fils électriques dans tous les sens, ces machinistes qui n'en finissaient pas de palabrer, ce chef d'orchestre qui cherchait la réalisatrice de télévision et cette réalisatrice qui cherchait son assistant... tout cela devait illustrer au plus haut point, aux yeux de son mari, le laisser-aller, le gaspillage et l'amateurisme. Quand il avait appris que les cars vidéo attendaient là depuis quatre jours sans que l'on eût encore filmé un seul plan et découvert — ce qu'elle ignorait — qu'une grande partie du matériel sortait des usines de sa propre société, Philippe avait explosé : « Mais enfin, te rends-tu compte ? Combien de millions coûte un matériel pareil ? Ce que nous faisons de mieux ! Et tout le monde s'en fiche, tout le monde est là à traînasser, à bavarder, aux frais des contribuables... »

Anne s'était retenue de sourire : que son nouvel univers fût bourré d'électronique tout comme celui de Philippe, elle y voyait un joli clin d'œil ironique du destin. Caméras, écrans, batteries d'écouteurs, micros : tout ce qui l'entourait relevait de la même technique hautement sophistiquée. Et pourtant, comme leurs mondes étaient différents ! Comment Philippe, si organisé, si méticuleux, aurait-il pu comprendre que ce « bavardage » n'était pas du temps perdu : car il fallait du temps pour que s'instaure entre les musiciens et l'équipe technique le courant indispensable à la mystérieuse transmission de la musique. Un jour, puisque Philippe se piquait d'aimer Pascal, elle se souvenait de lui avoir jeté à la figure « l'esprit de géométrie et l'esprit de finesse ». Un trait, certes, un peu facile et injuste : Philippe n'était dénué ni de sens artistique ni de finesse. Elle s'étonnait même parfois, quand la conversation venait dans un dîner sur la musique et l'opéra, de l'entendre exprimer des opinions plus profondes que bien d'autres convives. Elle s'apercevait d'ailleurs, dans ces moments-là, qu'il l'avait écoutée beaucoup plus attentivement qu'elle ne le croyait. Au fond, son mari était plutôt fier d'elle... à condition qu'elle reste effacée.

La caméra continuait de se promener. « Tiens, se dit-elle, il faudra veiller à cacher ces barres de micro. » Enfin, sur quatre écrans simultanément, apparut la silhouette rondouillarde du chef. En chemise blanche à col ouvert sur son pantalon noir, il grimpa sur son court podium, s'inclina, offrant aux regards son crâne à moitié chauve et luisant, tira la langue une fois, deux fois, et, avec un lourd accent allemand, articula : « S'il vous plaît. »

— Ah, ce n'est pas un cadeau, ce chef, soupira-t-elle, comme pour manifester sa présence quand on aurait pu la croire distraite. Nous devrons faire moins de plans que prévu sur lui.

Pourtant, elle aurait aimé montrer aux téléspectateurs la métamorphose d'un chef. Elle se souvenait d'un maestro spécialiste de Verdi. Sa consternation lorsqu'elle l'avait vu pour la première fois en coulisses ! Rond, débonnaire, une allure d'aubergiste à la panse mieux faite pour être ceinte d'un grand tablier que sanglée dans un habit noir et aux mains apparemment plus expertes à tourner des spaghettis *allegro vivace* qu'à diriger un opéra. Mais soudain, au moment d'attaquer l'ouverture de *Nabucco*, Nello Fantini avait pris une extraordinaire majesté. Elle le voyait encore : la paume de sa main gauche retenant un mouvement alors que la droite en amorçait un autre. Quand le rideau s'était ouvert, Fantini, légèrement incliné vers les cent dix musiciens de l'orchestre, avait levé la tête vers les cent cinquante choristes et déclenché, par la seule force de son regard, une formidable tempête vocale. Mué en maestro, le petit homme rondouillard portait littéralement, des yeux, des épaules et des bras, tout l'orchestre et toute la scène. Mais ce soir, la métamorphose ne voulait pas s'effectuer. De face, de dos ou de profil, elle ne voyait qu'un bonhomme dressé sur ses pointes de pieds et gesticulant inutilement. Pas mauvais chef, pourtant. Sa réputation de « beethovénien » n'était pas imméritée. Son interprétation de la *Sixième symphonie* lui paraissait même moins froide que celle de Lorin Maazel. Mais quelles images ! Il l'obligeait à modifier tout son plan de conduite des caméras. Au dernier moment, en serait-elle capable ? L'angoisse qui l'avait lâchée depuis son examen de passage à Orange la reprenait. A côté d'elle cependant, d'un ton où seule une oreille exercée pouvait déceler une formidable tension, Claude ordonnait : « Hervé, peux-tu me serrer sur le chef ? Tu prévois qu'il sera debout, bien sûr, et vêtu de noir. Georgy, tu vas doucement chercher les violoncelles... »

Musicale, exagérément lente, la voix de Claude aux commandes la surprenait toujours. En entendant la réalisatrice sans la voir, on l'eût imaginée douce et charmeuse. Mais peut-être se trompait-elle sur la personnalité cachée de Claude. Peut-être son amie était-elle plus vulnérable et finalement plus « fleur bleue » qu'elle ne voulait le laisser paraître. Ses réactions la laissaient souvent perplexe. « Il est sympa, ton mari », lui avait dit tout à l'heure la réalisatrice en montant dans le car. « Sympa ? » La voix de Claude semblait sincère, sans ironie. Anne en restait ébranlée. Philippe, elle l'aurait pourtant juré, était le type même d'homme qui devait déplaire à Claude. Et réciproquement. Cela lui paraissait tellement évident que tous les prétextes lui avaient été bons pour retarder jusqu'à ce soir les présentations.

A son tour d'entrer en action. « Top sur la une... Attention pour le zoom arrière ! », s'entendit-elle lancer d'une voix autoritaire et rapide... « Georgy, tu peux prendre les violons à la place du cor ? On ne l'entend pas, ce cor. Les violons, tout de suite les violons... »

Un chuintement l'avertit que la porte automatique du car s'ouvrait. Sans se retourner, elle fit un signe énergique. L'ouverture de la porte projetait un tremblement lumineux sur les petits écrans.

Elle entrevit Philippe, une bouteille de coca à la main.

— J'ai pensé que tu aurais soif, murmura-t-il.

— Oui, merci, tout à l'heure, fit-elle d'une voix saccadée. Assieds-toi.

Cette présence derrière elle, cette chaleur sur ses épaules et sa nuque l'oppressaient. Pourquoi lui avoir dit qu'il pourrait venir la voir travailler ? Quelle sottise ! Elle n'aurait pas dû se surestimer. Tôt ou tard, elle allait lui demander de s'en aller et Philippe en serait vexé et furieux. Et ce chef qui écartait les coudes ! Il donnait l'impression de faire sa gymnastique matinale : rotation des bras...

— La cinq, préparez-vous ! lança-t-elle en pointant le doigt vers un exécutant imaginaire. Top pour la cinq !

Tout en donnant ses ordres, elle se répétait intérieurement : « C'est raté, c'est raté. » Enfin, elle se redressa, soulagée. C'était la pause. Déjà les musiciens, debout, bavardaient. Ils relevaient le col de leur chemise blanche et la boutonnaient afin de mettre leur nœud de piqué blanc pour la seconde partie de la répétition. Belles images d'hommes en noir et blanc, droits et cambrés, comme avant un duel. Même le chef avait ainsi une certaine allure ; à regret, elle s'arracha à ce spectacle et se retourna vers Philippe.

— On sort prendre l'air ?

Sa bouteille de coca à la main, il la précéda en silence. Le soleil couché, la chaleur restait étouffante. Anne regretta la fraîcheur du car. Philippe l'entraîna rapidement vers la place de l'Archevêché avec l'intention visible de dîner. Comment lui avouer qu'elle ne disposait pas des quarante-cinq minutes prévues ? En pleine répétition, un violoniste avait brandi son violon pour se protéger les yeux et le chef, envoyé demander si l'on pouvait leur donner une lumière plus « acceptable ». Il fallait absolument le convaincre que tous ces projecteurs, si pénibles pour les musiciens, étaient indispensables pour les filmer.

— Je suis désolée, commença-t-elle, mais j'aimerais mieux que tu manges quelque chose sans moi. J'ai encore deux ou trois choses à voir sur le plateau. Du reste, je n'ai pas faim. Je serais incapable d'absorber quoi que ce soit.

— Bon, fit-il posément — et ce « bon » prononcé sans agacement fut pour elle un tel soulagement qu'elle eut envie de l'embrasser.

— Alors, on se retrouve ici à la sortie ?

Il hésita, puis :

— Tu sais, c'est formidable ce que tu fais... Je n'imaginais pas que cela exigeait une telle tension, une telle rapidité. Vraiment, tu es devenue une pro.

Elle n'en revenait pas. Ce compliment dans la bouche de Philippe !

— Merci, répondit-elle, presque avec transport. Merci. On se retrouve à la sortie du concert ? J'essaierai de me libérer le plus vite possible.

— Veux-tu que nous invitions deux ou trois membres de ton équipe à dîner ? proposa-t-il. Je trouve Claude très bien. Ça me ferait plaisir de mieux la connaître.

— Non, s'entendit-elle répondre avec une vivacité qui la surprit. Pas ce soir. Je préfère que nous dînions tranquillement tous les deux.

Elle l'embrassa et repartit, presque en courant. Depuis dix jours, s'était-elle fabriqué une image tellement fausse de son mari ? Elle pensait parfois pouvoir le quitter sans hésiter... Et voilà qu'une phrase de lui la retournait complètement. Quand verrait-elle enfin clair ? Chaque fois qu'elle se croyait indifférente, elle découvrait en elle une brèche immense. Et Claude qui trouvait Philippe

« sympa » ! Et lui, qui la trouvait « très bien » !... La sympathie qu'ils semblaient éprouver l'un pour l'autre aurait dû lui faire plaisir. Or, elle la mettait mal à l'aise.

Avec de grands raclements à faire éclater le plancher, les machinistes traînèrent le piano sur la scène. Le pianiste s'installa pour permettre aux cadreurs d'ajuster leurs prises de vues. C'était un jeune homme blond, anguleux et noueux comme un coureur cycliste. Les muscles de son cou, de ses épaules et de ses avant-bras, que l'on devinait sous la chemise blanche au col ouvert, laissaient présager une force douloureuse qui manquait trop souvent aux interprètes du *Quatrième concerto* de Beethoven. Mais ce profil en lame de couteau pourrait-il en exprimer la tendresse ?

Immobile, les doigts reposant légèrement sur le clavier, le pianiste se recueillit, paupières baissées. Le front relevé vers un rayon de lumière, le chef tira sur ses manchettes une fois, deux fois...

Enfin — « Top sur la deux, top sur la cinq », colère martiale de l'orchestre, tendre prière du piano —, ils entrèrent tous ensemble dans le *Quatrième concerto* comme on prend la mer. Quand Anne leva les yeux, la musique parcourait les petits écrans comme une vague, un fleuve souterrain, mais soudain visible à l'œil nu... Elle passait par ce visage de violoniste jusqu'à présent muré et qui s'éclairait de l'intérieur. Elle sourdait des contrebasses, voletait au-dessus des hautbois, qui sont la brillance de l'orchestre tandis que les violoncelles en sont le cœur, la pulsation profonde. Elle était tout entière, fugace, irrésistible, fragile et triomphante, dans le regard d'un violoncelliste, dans le doigt tendu du chef en direction des altos, dans les épaules du pianiste. Pour la première fois depuis son arrivée à Aix, Anne se sentit vraiment légère. Sans échanger un mot ni un regard, elle sut que Claude ressentait la même chose. Les mouvements des caméras s'enchaînaient harmonieusement, les images se cadraient d'elles-mêmes, par un effet magique. A la fin, elle dit simplement :

— Eh bien, ce n'est pas si mauvais, tout compte fait.

Claude acquiesça. La porte s'ouvrit, laissant entrer une bouffée de chaleur et de bruit. C'était Marc, l'assistant.

— Le chef veut te voir, dit-il à Claude. Il se plaint encore des lumières. Il dit qu'il ne pourra pas travailler le soir du concert dans ces conditions.

Anne lui en voulut d'avoir mis fin à ce moment de bonheur exceptionnel. Mais Philippe devait déjà l'attendre à la sortie, agacé sans doute de constater qu'elle traînait.

Elle s'était trompée. Il avait eu la discrétion de rester à sa place pour l'attendre. Mais elle crut sentir peser son regard dans son dos tandis qu'elle discutait avec Claude et le responsable des lumières, félicitait le pianiste et recevait les compliments d'un machiniste qui lui disait quel « vrai plaisir » il éprouvait à travailler avec elle... Enfin, Philippe s'approcha. Il la prit par le bras, en mari propriétaire.

— Tu as fini ? demanda-t-il. Je t'emmène dîner ?

— Oui, fit-elle en se dégageant en douceur. Je te demande juste une petite minute...

Ce qu'elle redoutait vaguement se produisit. Claude, Diane (la « belle Diane », descendue de Paris interviewer le pianiste russe en direct pour son magazine télévisé) ainsi que son petit ami et un journaliste de radio avaient décidé, eux aussi, de souper à la terrasse des Deux-Pigeons. Ils se retrouvèrent à deux tables de distance. Croyant lui faire plaisir, Philippe commanda du champagne. Anne n'osa pas lui avouer que cela la gênait : ce soir elle aurait préféré le vin rosé comme ses camarades.

Elle s'en voulait de l'avoir empêché de les inviter. Tous les deux, avec leur champagne, ils semblaient faire égoïstement bande à part. Mais elle se serait sentie encore plus mal à l'aise s'ils avaient fait table commune.

— J'ai trouvé ça très bon, ce concert, dit-il, visiblement désireux de la détendre. Tu m'avais dit tant de mal de ce chef et de ce pianiste que j'ai eu une bonne surprise. Je me demande si tu ne finis pas par être obnubilée par l'image.

Anne ne répondit rien. Une petite troupe de mélomanes en smoking et robe du soir envahissait les tables vides à côté d'eux, les enveloppant d'un brouhaha mondain.

— Tiens voilà *Cosi fan tutte* qui sort, dit un serveur en consultant sa montre.

Parmi les spectateurs qui arrivaient du pavillon Vendôme, Anne reconnut Pierre-Antoine de Mézières, accompagné d'une grande blonde très maquillée qu'elle ne connaissait pas. Comment pouvait-il sortir avec une femme aussi maniérée ?

— A quoi penses-tu ? demanda Philippe.

— A rien. (Elle leva son verre de champagne avec un petit salut de la tête.) Tu ne veux pas enlever ta veste ? C'est effrayant ce qu'il fait chaud dans cette ville, même à minuit. Depuis que je suis ici, je n'ai pas eu un souffle d'air...

Elle s'interrompit. Mézières approchait de leur table et Philippe se levait pour les saluer, sa compagne et lui. Avec un accent mondain qui attirait l'attention de toute la terrasse, la dame blonde commentait d'un air navré le *Cosi* qu'ils venaient de voir en le comparant à celui de Salzbourg, d'où elle arrivait. Le regard d'Anne croisa celui de Claude. Elle crut y voir une lueur d'ironie.

11

Quelques mois plus tôt, l'idée de Philippe l'aurait enchantée : décider, presque à l'improviste, d'aller voir des maisons à vendre dans le Luberon, cela lui ressemblait si peu. Pour une fois qu'il la surprenait par sa fantaisie, elle aurait dû l'encourager. Or, elle ne pouvait s'empêcher d'être agacée. Se lancer sur une route encombrée un lundi de juillet alors qu'ils auraient été si bien au bord de la piscine des Arrançay ! Depuis dix minutes, bloqués entre deux camions de dix tonnes à l'entrée de Cavaillon, ils n'échangeaient plus un mot. Devant eux, sous le pont au-delà duquel se trouvait le carrefour inaccessible, on ne voyait qu'une inextricable mêlée de véhicules.

Anne observa le profil de son mari. Il était tendu par la volonté de franchir l'obstacle, mais pas hargneux comme elle le voyait parfois au volant. Elle ne le reconnaissait pas : ce matin, pour la première fois depuis dix ans, Philippe lui avait monté son petit déjeuner au lit en lui annonçant joyeusement : « J'ai téléphoné à un agent immobilier. Si cela te va, j'ai pensé que nous pourrions profiter de cette journée pour visiter quelques maisons dans le Luberon. » Son mari était donc capable de « faire la fête », de s' « éclater » ? Peut-être menait-il une double vie ? Elle se demanda s'il avait eu des maîtresses, s'il en avait une actuellement... et curieusement se prit à le souhaiter.

Derrière eux, l'assaut des klaxons reprenait. Elle remonta sa vitre.

— Écoute, soupira-t-elle. Si nous essayions de faire demi-tour ? Nous passerions tranquillement la journée au bord de la piscine. Tu ne crois pas que ce serait plus raisonnable de revenir en septembre-octobre ? De Paris, il y a un TGV direct pour Avignon.

Elle s'appliquait à garder une voix calme, pondérée, comme pour parler à un enfant qui refuse de manger sa bouillie. Non qu'elle craignît la mauvaise humeur de Philippe. Plutôt par souci de maîtriser sa propre nervosité. Elle se reprochait d'être injuste. En même temps, elle en voulait à son mari de se comporter enfin comme elle l'avait si longtemps espéré... mais trop tard. Au fond, ça l'aurait arrangée qu'il continue à ne rien comprendre. Était-il ébranlé par l'exemple de Gomard, que son épouse venait de quitter en déclarant à la presse : « La SNE m'a volé mon mari » ? Un jour, rentrant tard du bureau, Philippe lui avait confié sa surprise : pour la première fois, il voyait Gomard complètement désemparé. En lui offrant un whisky dans son bureau, son patron lui avait déclaré : « Les hommes croient toujours qu'il faut réussir pour plaire aux femmes. Ils se gourent complètement. Les femmes ont avant tout besoin qu'on ait de la considération et des attentions pour elles. C'est pour ça que des types qui ne gagnent pas beaucoup de fric et ne sont même pas des play-boys ont un succès fou auprès des femmes : ils leur consacrent du temps. »

— Pas mal vu, avait approuvé Anne. Il est plus fin que je ne l'aurais cru, ton P-DG.

— Bien sûr, mais c'est tout de même un propos plus facile à tenir quand on a réussi, avait observé Philippe. Ces femmes qui jouent les midinettes, je voudrais bien les voir avec des hommes fauchés. Avant lui, la femme de Gomard a eu deux maris : tous les deux des hommes « arrivés ». Ça n'a pas été pour rien dans la soif de réussite de Gomard ; cet « arrivisme » qu'elle lui reproche aujourd'hui, elle le lui a inoculé.

Anne se demandait si elle pourrait aimer un homme qui ne lui serait pas, d'une certaine façon, supérieur. Il lui fallait, pour aimer, admirer. Aurait-elle aimé Bruno sans son talent de metteur en scène et sa capacité d'entraîner les autres ? Philippe aussi l'impressionnait parfois par son autorité. Autrefois — même si elle se moquait de sa mère qui éprouvait le besoin de placer dans tous ses bridges : « Mon gendre est à la direction financière de la SNE, Société nationale d'électricité » — elle tirait une certaine fierté de la situation de son mari. Aujourd'hui, ce titre si chèrement gagné de directeur financier lui paraissait dérisoire. Elle n'arrivait plus à voir son mari autrement qu'en « manager organisé ».

Philippe se pencha pour allumer une cigarette à l'allume-cigare. Elle regarda ses mains, longues et fines, couvertes d'un duvet blond. Philippe lui faisait bien l'amour. Pourtant, jamais le souvenir du plaisir éprouvé dans ses bras n'éveillait en elle un désir assez irrésistible pour partir au milieu d'un spectacle ou quitter des amis avant déjeuner.

Bruno... Où était-il à cette heure-ci ? Encore à Cassis ? Déjà en route pour la retrouver à Aix ? Elle jeta un coup d'œil à sa montre. En mettant les choses au mieux, ils ne seraient pas à Gordes avant dix heures, ce qui ne leur laissait que trois heures à consacrer à la recherche d'une maison. Il n'était pas question d'accepter une visite de plus après déjeuner. Elle devait être intransigeante là-dessus. Sinon, ils ne seraient jamais à l'aéroport de Marseille-Marignane à dix-huit heures. Dieu merci, Philippe ne supportait pas d'être en retard. Pour une fois, elle bénissait ce qu'elle appelait sa « manie des horaires ». Mais s'il décidait de prendre l'avion suivant ? Elle se reprocha de n'avoir pas vérifié s'il existait un autre avion qui lui permît d'arriver à temps pour son dîner à Paris. Philippe devait le savoir. Il avait même dû, selon son habitude, réserver une place sur le premier vol sous son nom et une autre sous celui de sa secrétaire, sur le vol suivant.

— Si nous prenons trop de retard, dit-il, devançant sa question, je pourrai toujours attraper l'avion de dix-huit heures cinquante. Ce sera un peu juste pour mon dîner. Mais tant pis. Je préviendrai qu'on se mette à table sans m'attendre.

— L'ennui, insista-t-elle, c'est que moi, je dois être impérativement à dix-huit heures à l'archevêché.

— Tu y seras. (Il se tourna vers elle.) Tu es contente de cette petite escapade ? Avoue que ce serait le rêve, une maison dans ce coin. A deux pas de tous les festivals.

Elle sourit. Une maison où elle serait enfin chez elle, où elle pourrait inviter ses amis, vivre à son rythme et non au rythme de sa belle-mère... En avait-elle rêvé ! Mais Philippe n'avait pas voulu l'entendre. Et maintenant...

— Le rêve, murmura-t-elle, oui. Mais à quel prix ?

L'agent immobilier, un homme élancé et grisonnant auquel sa moustache, son pantalon écossais et un léger accent donnaient un faux air britannique, les attendait dans son bureau, installé dans une aile d'un mas retapé au pied de la colline de Gordes. Sous la pancarte « Antoine Reilly — Immobilier », Anne en repéra une autre, en lettres anglaises : « Au temps retrouvé — Patricia Reilly. »

— Vous êtes antiquaire aussi ? demanda-t-elle en guise d'entrée en matière.

Il sourit.

— Ah non, ça c'est le domaine réservé de mon épouse. Mais si vous nous faites le plaisir de venir visiter le mas tout à l'heure, vous verrez qu'elle a de très jolies choses. Elle est d'origine irlandaise et spécialisée dans les meubles anglais.

Il s'inclina légèrement, très « gentleman » (très « frimeur », pensa-t-elle), en la priant de s'asseoir dans le fauteuil de cuir qui lui faisait face. Sur quoi, il ouvrit un gros catalogue qu'il leur présenta.

— J'ai signalé à M. Lemonnier trois maisons dans les prix qu'il m'a indiqués. Les voici.

Il posa la main à plat sur les deux premières pages du catalogue. Sous le chiffre « 595 000 », était collée la photo d'une espèce de pavillon de banlieue à toit de tuiles mécaniques. En face, sous le chiffre « 640 000 », on distinguait une grosse maison carrée de village « entièrement à restaurer ».

— Je suis prêt à vous les faire visiter, bien entendu, commenta M. Reilly. Mais franchement, je serais désolé de vous faire perdre votre temps. Je vois que Madame a des goûts raffinés. Elle aime les choses anciennes. J'ai quelque chose, là, qui vous plairait beaucoup, madame.

Il feuilleta rapidement quelques pages du catalogue et le retourna vers eux. « 770 000. Dans vieux village d'Oppède, maison restaurée, charme, confort », lut Anne. Quelques clichés en couleurs montraient un balcon de fer forgé, une fenêtre ogivale en haut d'une tour, une cheminée surmontée d'armoiries et une chambre à coucher assez théâtrale avec un lit à baldaquin rouge. Anne examina le lit à baldaquin.

— C'est un beau village perché ? interrogea Philippe.

— Très beau, monsieur. Oppède est moins connu que Gordes mais, pardonnez-moi, moins commun et plus proche de l'autoroute puisque seulement à quinze kilomètres de Cavaillon.

— Ah, dit Philippe. Mais votre maison a-t-elle un jardin assez grand pour faire une piscine ?

— Non, monsieur, elle n'a pas de jardin.

— Une terrasse ?

L'agent immobilier hésita.

— Une petite terrasse, oui. Vous savez, vous aurez beaucoup de mal à trouver une très belle maison de village avec un jardin. Ou alors... (il fit mine de réfléchir) j'ai quelque chose à Ménerbes, pas très loin de la maison de l'actrice Marie-Paule Barrère et du mas que j'ai vendu au ministre de la Culture. Il y a beaucoup de travaux, mais un grand jardin intérieur où vous pouvez construire une piscine et la possibilité d'aménager les deux ailes pour faire deux maisons séparées, ce qui est très appréciable, plus tard, si vous avez des enfants.

Il tourna quelques pages. Les chiffres grimpaient avec une rapidité inquiétante. Enfin Reilly posa le doigt sur la photo d'une demeure ocre pâle. Au-dessus de la grande porte de bois clouté, on apercevait quelques feuillages confus et une note de mauve (une glycine, sans doute) qui lui donnait le charme d'une maison abandonnée. Philippe examina la photo.

— Je suppose qu'il faut refaire la toiture ? dit-il.

— Oh, fit Reilly, il y a des travaux, mais dans l'ensemble la maison est saine.

Sans attendre la suite, Anne passa d'elle-même à la fin du catalogue : 2,5 millions, 3,7 millions... Sur fond azur, des photos très nettes montraient des villas comme on en voit dans les magazines de week-end, des villas de vedettes de cinéma avec leur piscine turquoise, leur pigeonnier de pierre blonde et leur toit de tuile en dégradé, du rose au brun orangé. Elle soupira. Reilly faisait mine de réfléchir.

— J'ai bien une maison qui vient de rentrer, dans le bas du village de Gordes. Je crois qu'elle a beaucoup de charme. Mais je ne l'ai pas encore vue.

La maison, enfouie sous un fouillis de glycines et de broussailles, était, en fait, un ensemble assez disparate de trois cavernes de troglodytes. Mais les petites pièces de guinguois aménagées en mezzanine ne manquaient pas d'attrait. Dans le sous-sol donnant directement sur le petit jardin ombragé d'un figuier, Anne imagina les chambres d'enfants. Reilly désigna une arcade en ruine.

— Ici, vous avez de quoi faire un ravissant patio. Ou même une piscine. Vous avez la surface nécessaire : quinze mètres sur dix. Les architectes, aujourd'hui, sont capables d'intégrer des piscines partout.

Philippe ne disait rien. Il pénétra dans le sous-sol voûté et l'arpenta comme pour prendre des mesures. Puis il ressortit dans le jardin, contempla la vue sur les étonnantes falaises stratifiées — « comme celles d'Étretat » — qui barraient l'horizon.

— Ça manque d'une vue dégagée, trancha-t-il.

— L'avantage, insista l'agent, c'est que vous êtes à cinq minutes à pied de la place du château et que le site est protégé. Et 810 000, monsieur, 810 000 ! Vous ne trouverez pas moins cher dans Gordes.

Ils remontèrent dans la Range Rover de Reilly et reprirent la route en lacet qui grimpait au village. Au détour d'un virage, le château apparut, coiffant un échafaudage de maisons, terrasses et jardinets minuscules accrochés à la pente aride et surplombant la plaine découpée en carrés gris, jaunes et verts par les oliviers, les blés et les vignobles.

— C'est tout de même un endroit magnifique, murmura Philippe.

— Oui, dit Anne. C'est très beau.

Son agacement faisait place à une impatience joyeuse. Bientôt, elle en était sûre, elle le voulait, elle aurait sa maison ici, au pied de ce château, avec cette plaine sous les yeux.

Reilly obliqua sur la gauche. Le paysage s'adoucit. Ils longèrent des champs de blé bordés de pins et de mélèzes. Un troupeau de moutons leur barra la route. Enfin, ils arrivèrent au village de Murs. Bâti à flanc de coteau, il s'enroulait, comme celui de Gordes, autour de son château, mais paraissait moins inaccessible, moins hautain. Elle l'aima tout de suite.

A deux heures, accueilli par un concert d'aboiements, Reilly arrêta la Range Rover devant sa pancarte et vint ouvrir la portière d'Anne. Ils avaient tellement tourné toute la matinée qu'elle en avait perdu tout sens de l'orientation et n'en revenait pas, malgré l'heure tardive, de se retrouver à leur point de départ. Une jeune femme mince et blonde, évanescente, leur ouvrit la barrière en retenant les deux setters irlandais par leur collier. Les présentations faites, Reilly les invita à visiter le mas : le salon à mezzanine avec ses grands canapés bas devant la cheminée, les chambres en alcôve, la vaste cuisine-salle à manger, tout cela paraissait sorti d'un numéro de *Maison et jardin*. Dans chaque pièce, Reilly s'arrêtait pour faire admirer un secrétaire ou une table à gibier dénichés par son épouse dans quelque manoir des « Costwolds ». Anne se demanda combien de fois par semaine ils jouaient ce duo. Rien, sur le visage lisse de l'épouse aux longs cheveux, ne laissait discerner si elle était complice du jeu de son mari ou si, par lassitude ou par mépris, elle avait choisi de se réfugier derrière ce masque de douce Ophélie un peu absente... en attendant, un beau matin, de disparaître.

Ils prirent l'apéritif sur la terrasse. Tout en leur faisant admirer, au loin, le village rouge de Roussillon, Reilly dressa le bilan de leur tournée.

— En somme, ce qu'il vous faudrait, c'est la maison d'Oppède avec la vue de Murs. Réfléchissez, pourtant, à celle de Joucas. Vous pourriez en faire quelque chose de très bien. Grâce aux vignobles, vous avez la garantie d'une vue imprenable.

Anne revoyait le figuier de Joucas, sous lequel elle s'était imaginée prenant un petit déjeuner en tête à tête avec Bruno, le lit à baldaquin d'Oppède avec la cheminée au bout du lit — la cheminée devant laquelle ils auraient fait l'amour sur l'épais tapis blanc —, les volets de la chambre de Murs, ces volets grinçants qu'elle avait poussés des deux mains avec un peu d'émotion pour découvrir, au-delà des toitures brunes, les champs blonds vallonnés. Elle revoyait le jardin planté de cerisiers et de pêchers où elle avait trouvé l'emplacement d'un tennis. Elle gardait encore dans les doigts le souvenir sensible des poignées de porte rouillées et des volets effrités et, sous les pieds, celui du contact dur des dallages et doux des tommettes de terre cuite. Elle respirait encore des parfums de tilleul et de laurier. Les images se superposaient dans sa tête comme des diapositives projetées trop vite. De chacune de ces maisons, elle aimait quelque chose : une entrée, un escalier, la vue d'une fenêtre... Dans chacune, ou presque, elle avait mimé, pendant quelques minutes, des vacances d'adolescente, des matins de femme amoureuse ou des déjeuners de mère de famille. Elle y avait mêlé toutes ses vies : celles qu'elle avait vécues, celles qu'elle vivrait et toutes celles dont elle rêvait et qu'elle ne vivrait peut-être jamais.

Philippe sortit le carnet sur lequel il notait les superficies, les prix et les emplacements ainsi que les atouts et les handicaps de chaque maison.

— A l'exception de celle de la plaine de Gordes, disait-il, toutes valent plus de sept cent cinquante mille francs. Avec, au bas mot, cinq cent mille francs de travaux à faire.

Reilly fit mine de protester, parla d'un « petit entrepreneur de sa connaissance », puis se résigna.

— L'expérience, dit-il, m'a appris que les gens très exigeants comme vous finissent toujours par faire construire. Je ne vous en avais pas parlé plus tôt car je désirais que vous vous fassiez une idée des prix mais j'ai quelques très jolis terrains. Si vous nous faites le plaisir de partager notre pique-nique, je pourrai vous y mener aussitôt après le café.

Philippe interrogea Anne du regard. Elle gardait un visage fermé.

— Je vous remercie, dit-il, mais il serait plus sage de revenir une autre fois après avoir réfléchi à tout cela.

Dès qu'ils furent dans la voiture, il la questionna.

— Alors ? Qu'en penses-tu ?

— J'en pense, répondit-elle très tendue en regardant sa montre, que nous avions rêvé. Tout cela est beaucoup trop cher pour nous. Il faut être milliardaire ou au moins P-DG de la SNE pour pouvoir se payer aujourd'hui une maison dans le Luberon.

Le profil de Philippe se durcit.

— N'exagérons rien. Nous ne sommes pas des smicards. Nous pouvons très bien emprunter. Si les choses se passent comme Gomard me l'a laissé entendre, mon salaire devrait augmenter l'an prochain. Tes revenus aussi, je suppose, maintenant que tu es bien introduite à la télévision. Et puis, nous pouvons vendre le studio...

Elle le prit mal.

Ce studio à Chamonix, c'était la seule chose qui lui appartînt en propre, la seule chose qu'elle avait sauvée de l'héritage paternel. Tout le reste était passé dans l'achat de la maison commune de Bougival. Philippe, lui, avait gardé ses actions car ce n'était « pas le moment » de les vendre.

— A propos, dit-elle, et tes actions ? On lit partout que la Bourse n'a jamais autant grimpé. Ce ne serait pas le moment de les vendre, plutôt ?

Il rit d'un ton faussement admiratif.

— Mais dis-moi : tu deviens une vraie femme d'affaires !

Puis, se ravisant, il annonça d'une voix enjouée :

— Je meurs de faim. J'avais prévu de t'emmener déjeuner dans le village. Je me suis renseigné, il paraît qu'il y a un bon restaurant dans le genre cuisine traditionnelle.

Le déjeuner fut un supplice. Elle ne pouvait certes rien trouver à redire au choix de Philippe. La vue du restaurant était superbe, le cadre provençal d'une simplicité qui lui plut et le service, aimable. Mais la bonne humeur et l'appétit de Philippe faillirent la pousser à bout. Par inconscience ou par malignité, lui d'ordinaire assez expeditif s'employa à faire traîner le repas. Il choisit en entrée un flan de courgettes qui les obligea à attendre vingt minutes et insista pour qu'elle partage ensuite avec lui un carré d'agneau à la sauge. Elle en vint à regretter cruellement de n'avoir pas accepté l'invitation de l'agent immobilier. Au moins ce tête-à-tête lui eût-il été épargné. Au dessert, quand Philippe se mit à interroger la patronne sur la vie de Gordes et sur les maisons à vendre ou à louer, elle se dit, avec effarement, qu'elle ne pouvait plus le supporter.

Elle ne fut vraiment soulagée que lorsqu'elle vit le gros appareil rouler en bout de piste et prendre son envol. Même alors, elle hésita à se détacher de la paroi vitrée de la salle d'embarquement. Et si Philippe s'était ravisé ? S'il avait brusquement décidé, au moment de monter dans l'avion, d'annuler son dîner à Paris et de rester ce soir chez les Arrançay ? Elle attendait depuis si longtemps le moment de se retrouver seule, enfin libre, « enfin débarrassée de lui », osa-t-elle froidement formuler (tout en se disant qu'elle était une « garce »), qu'elle n'osait y croire. Depuis le déjeuner, il lui semblait impossible que Philippe n'eût pas un pressentiment. Lui qui ne remarquait rien habituellement semblait doué aujourd'hui d'un sixième sens. Elle devait convenir qu'il avait fait beaucoup d'efforts pendant ce week-end. Quant à elle, elle ne se donnait pas le beau rôle. Maintenant qu'il était parti, elle se sentait prête à tous les mea-culpa. Elle recensait même avec humilité chacune des réactions stupides et désagréables qu'il était en droit de lui reprocher. Et tandis qu'elle battait sa coulpe, avec quelle allégresse ses jambes l'emportaient vers sa voiture !

12

A peine avait-elle poussé la lourde porte de l'immeuble que sa vitalité l'abandonna. Elle s'arrêta un instant au pied de l'escalier pour puiser des forces dans le silence et la fraîche pénombre du hall voûté. Emportée par son impatience d'arriver, elle n'avait pas ressenti d'abord la fatigue de cette route en pleine chaleur. Mais brusquement, elle portait des semelles de plomb. Se déshabiller, prendre une douche, essayer plusieurs robes, se coiffer, se maquiller... tout cela lui prit trois fois plus de temps que d'habitude. Elle s'acharnait à gaspiller en gestes dérisoires les précieuses minutes gagnées sur l'autoroute au prix d'imprudentes acrobaties. Maintenant, elle était vraiment en retard. S'il n'avait pas eu de contretemps, Bruno devait l'attendre à l'archevêché depuis près d'une heure. Encore quelques minutes et il allait partir. Mais tout en se répétant cet avertissement, elle retournait dans la salle de bains où elle pensait avoir oublié sa montre, vérifiait pour la troisième fois le chauffe-eau qu'elle imaginait soudain avoir rouvert en croyant le couper et décidait finalement, en repassant devant la penderie, de changer ses sandales à talons pour des sandales plates qui lui donnaient une démarche tellement plus souple dans les rues piétonnes. Elle cherchait désespérément, enfin, les clés de l'appartement, qu'elle croyait avoir laissées dans le cendrier de l'entrée avec celles de la voiture. Puis, les ayant retrouvées sur la cheminée du salon, elle s'assurait une dernière fois que son soutien-gorge de dentelle noire ne se voyait pas trop sous les bras.

Une fois dans la rue, elle détourna résolument les yeux des vitrines qui lui renvoyaient son image et s'élança vers l'archevêché.

Appuyé nonchalamment à la barrière métallique placée en travers de la cour pour canaliser les spectateurs, Bruno bavardait avec un jeune homme à barbiche rousse. Soudain freinée dans son élan, Anne reconnut le metteur en scène de *L'Enlèvement au sérail*. Mais la joie l'emporta.

— Bruno ! appela-t-elle.

Tout au long du chemin elle avait imaginé qu'il lui faudrait d'abord le chercher parmi les consommateurs attablés à l'un des cafés de la place, puis s'enquérir de lui au bureau du festival avant de poursuivre sa quête dans le cloître Saint-Sauveur et les coulisses du théâtre. La peur d'être déçue risquait de la faire renoncer trop tôt. Mais il était là, calme, souriant, la regardant marcher vers lui avec un regard qui l'aimait. Elle se demanda comment elle n'avait pas été frappée dès le premier jour par son charme. Bruno n'était pas grand et pourtant il dominait nettement Gilles Le Coz. Elle ne comprenait décidément pas l'engouement des journalistes pour ce fils de marin breton à l'allure de petit prof, doué, disait-on, « du talent de recréer l'esprit de Mozart allié à celui de Marivaux ». Comme si Mozart avait besoin d'être « recréé » ! Le Coz ne manquait pas de finesse et elle voulait bien le créditer d'un joli travail, très respectueux, mais il ne manifestait aucune personnalité. Le rayonnement de Bruno, au contraire, impressionnait. Il aurait pu être chef d'orchestre. Il serait un grand metteur en scène. Avec lui, vraiment, on pourrait parler d'un « autre souffle ».

— Anne ! fit-il en ouvrant les bras. Je m'inquiétais. Comment vas-tu ? Tu m'as l'air en pleine forme. Aix te réussit.

Il l'embrassa sur les deux joues, en camarade. Elle se laissa embrasser, un peu raide, mal à l'aise dans ce lieu trop fréquenté et devant ce Le Coz qui les observait.

— Tu connais Gilles, bien entendu ?

— Qui ne le connaît pas ? répliqua-t-elle de sa voix mondaine (sa voix de chez les Arrançay). J'ai beaucoup aimé votre mise en scène. Vous avez vraiment su donner une densité psychologique à vos personnages. Vous demandez beaucoup aux chanteurs mais tout ce que vous leur faites faire colle parfaitement à la musique.

Une expression d'enfant à qui l'on décerne un premier prix éclaira le visage de Le Coz. Elle fit place aussitôt à l'espièglerie qui devait être sa défense naturelle.

— Vraiment ? fit-il. Alors vous revenez voir le spectacle demain soir avec Bruno ? Et vous me permettrez de vous inviter à dîner ?

Sous le regard ironique de ses yeux verts piquetés de roux, elle se sentit rougir.

L'attachée de presse la tira d'affaire en venant chercher Gilles. Une journaliste l'attendait pour une interview. Elle le regarda s'éloigner, mince silhouette mozartienne dans sa chemise blanche et son pantalon de popeline gris pâle.

— Enfin ! dit Bruno. Tu es belle comme tout. Encore plus éclatante que dans mes souvenirs.

Il l'entraîna dans la rue piétonne qui descendait vers la place de l'Hôtel-de-Ville.

— J'avais peur que tu ne veuilles plus de moi. Tu as été tellement froide au téléphone. Je me suis dit : « Elle a gardé un trop mauvais souvenir de nos nuits à Orange », plaisanta-t-il.

Froide ? Elle qui tremblait tellement en glissant sa pièce dans ce téléphone automatique. Le regard des autres sur elle la surprenait. On la jugeait « froide » et parfois même hautaine alors qu'elle n'était qu'intimidée ou émue. Mais Bruno la connaissait mieux que les autres. Comment n'avait-il pas senti sa détresse quand elle l'avait appelé pour lui annoncer l'arrivée de Philippe ?

— C'est toi qui as été froid ! protesta-t-elle. Tu m'as dit : « Ça m'arrange plutôt. » J'ai compris qu'en réalité ça t'ennuyait de sacrifier ton week-end au bord de la mer. C'est vrai que je ne vaux pas le déplacement. Heureusement qu'il y a demain cette représentation de *L'Enlèvement au sérail*.

— Idiote. J'aime beaucoup ce que fait Gilles, même si je ne vois pas les choses comme lui — mais je te préfère. (Il la prit par la taille.)

Elle se tut, troublée par le mouvement de sa hanche, si parfaitement accordée à la sienne qu'ils auraient pu accélérer le pas, ralentir et sauter par-dessus les filets d'eau qui s'écoulaient des terrasses des bistrots nettoyées à grands seaux sans que leur accord fût interrompu.

Passé le beffroi, ils s'arrêtèrent pour admirer la place des Cardeurs parsemée de quelques tables bancales sous les platanes. Elle descendait en pente douce, comme une plage.

— Quelle jolie lumière ! s'exclama Bruno en s'écartant d'un pas pour la contempler dans ce décor. Sais-tu qu'elle te donne une démarche et des gestes plus doux ? Il y a quelque chose d'italien dans cette ville. Orange, avec son mistral brûlant et son mur, est plus rude. Je croyais préférer Orange, à cause du mur d'Auguste. Mais la douceur d'Aix te va si bien !

Elle lui caressa les cheveux, en signe furtif de reconnaissance. Plus encore que sa jeunesse, ses gestes apaisants et son art de faire l'amour, elle retiendrait de lui ce regard et deux ou trois jolies phrases qu'elle se redirait plus tard pour elle seule. Même à l'époque de leurs fiançailles, Philippe ne lui disait pas d'aussi jolies choses sur elle. Lui arrivait-il jamais, d'ailleurs, de faire une réflexion sensible sur quoi que ce fût ? Il s'exprimait bien, mais son langage ne la touchait pas. Il ne provoquait en elle aucune vibration. Sans doute eût-il jugé ridicule la « branche heureuse » sur laquelle se pose l'oiseau, ou « la lumière italienne d'Aix, qui te donne des gestes plus doux... ».

Ils reprirent leur marche dansante, hanche contre hanche, vers le bas de la ville. Plus lentement, toutefois, pianissimo, comme s'ils retenaient leurs pas.

— Où allons-nous ? demanda Bruno.

— Chez moi, répondit-elle en levant la tête pour le regarder bien en face. Enfin, chez Claude. Mais elle n'est pas là ce soir.

— Où est-ce, chez toi ?

— A deux pas d'ici.

Il lui effleura le poignet, silencieux.

En passant devant l'étal d'une pizzeria, une odeur chaude de fromage et d'origan leur emplit les narines.

— J'ai faim, dit Bruno. Je n'ai pas déjeuné. Tu veux une pizza ?

— Juste une bouchée de la tienne, pour partager.

Il choisit, sous la paroi de verre embuée, une « Reine » que le marchand réchauffa dans un petit four noirci avant de la lui tendre brûlante dans un papier gras.

— Tiens, ma princesse, goûte.

Du bout des dents, elle mordit un coin de la pizza repliée.

— Elle est délicieuse, s'exclama-t-elle en se brûlant. Dans une gargote comme ça, je n'aurais pas cru.

— Chère petite fille, plaisanta-t-il.

Ils accélérèrent insensiblement le pas. Lorsqu'elle poussa enfin la lourde porte de l'immeuble, Bruno eut une exclamation admirative.

— Quel décor ! Il faudra que je fasse un croquis de cette rampe et de cette lanterne. Et ces colonnes jaunes ! Un vrai décor d'opéra.

Il se tut. Ils commencèrent à gravir l'escalier. Parvenue au second palier, elle s'arrêta, plutôt par désir de rompre le silence que pour souffler.

— Plus qu'un demi-étage. Nous sommes sous les toits, à l'étage de service. Tu n'as pas soif ? Moi, je meurs de soif. Aimerais-tu du champagne ? J'en ai mis une bouteille au frais.

— Merci, dit-il seulement.

Elle ouvrit la porte de bois sombre et, sans s'arrêter pour poser son sac et ses clés sur le coffre de sa chambre, traversa vivement la chambre de Claude afin d'ouvrir le volet et la porte-fenêtre donnant sur la terrasse. Puis elle sortit la bouteille de champagne, prit entre deux doigts les verres qu'elle posa sur la table de tôle rouge et tendit la bouteille à Bruno, qui s'exécuta gravement.

Une ombre encore chaude, habitée par le soleil dont on devinait la présence toute proche derrière les toits, descendait sur la terrasse. Leur flûte à la main, ils s'accoudèrent à la balustrade rouillée comme à la rambarde d'un navire pour contempler la mer de tuiles à leurs pieds. C'était l'heure de la promenade des pigeons. Vêtus de gris, les mâles faisaient admirer leur poitrail avantageux. Les jeunes filles en blanc pouffaient, pivotaient sur elles-mêmes et battaient des ailes avec des airs de vierges effarouchées. Les galants les plus tenaces poursuivaient leur belle pied à pied, tout au long de la crête d'un toit, jusqu'à ce qu'elle s'envole pour revenir se poser derrière eux.

— Je ne me lasse pas de ce spectacle de la comédie humaine, dit Anne.

Il rit.

— C'est vrai. On dirait la commedia dell'arte.

Il lui resservit du champagne et l'attira contre lui.

— Tu ne m'as pas demandé des nouvelles de ma petite fille ? s'étonna-t-il. Tu sais qu'elle apprend à nager. Je lui ai acheté une bouée à tête de canard.

Elle fut émue de ce reproche. Grâce à Aurélia, grâce au spectacle de leurs ébats, si tendres, elle lui avait donné, un dimanche à Orange, sa confiance. Sans Aurélia, elle se persuadait qu'elle ne l'aurait pas accueilli si facilement dans sa chambre quelques jours plus tard. Cette bouée à tête de canard l'enchantait. Elle comprit qu'elle n'avait pas cru vraiment à son histoire de week-end à Cassis. La bouée la rendait crédible. A son tour, elle lui raconta son week-end. Le récit du dîner chez les Arrançay, surtout, le fit sourire.

— Ton mari a bien de la chance, dit-il, un peu énigmatique.

Le soleil couché, le ciel virait au gris. Mais c'était un gris qui contenait toutes les nuances de rose et de bleu.

— Venise, dit Bruno. En octobre, je voudrais t'emmener à Venise. C'est en octobre que la lumière y est la plus belle.

Elle se serra contre lui. L'un après l'autre, les murs ocre s'éteignaient et retrouvaient leur apparence de pierre. Soudain jaillies du ciel, des hirondelles piquèrent en formation de chasse en poussant des cris stridents, remontèrent brusquement en ordre dispersé au-dessus de la terrasse, puis se regroupèrent pour piquer à nouveau, sans sortir du périmètre délimité par les toits du pâté de maisons. A les suivre des yeux, la tête lui tournait un peu. Anne pensa à Philippe et se reprocha de n'avoir pas été « bien ». Mais rien n'aurait pu l'empêcher d'être ici ce soir avec son amant.

La nuit tombait. Dans la maison d'en face, deux petites fenêtres jaunes s'allumèrent. Elles furent bientôt suivies d'une étoile qu'Anne baptisa par ignorance « l'Étoile du Berger ».

— Sais-tu, lui dit Bruno, que dans mon pays il y a encore des bergers qui connaissent toutes les étoiles. Pour communiquer entre eux d'une montagne à l'autre, ils chantent des poèmes de Virgile. Tu aimeras la Corse. Tu verras : c'est très différent de ce que l'on imagine. La montagne, surtout... Pour connaître la Corse, il faut vivre dans un village de montagne comme le mien.

Il parla de sa maison paternelle : une maison carrée, aux murs épais, une vraie maison de paysan notable. Pas de piscine, mais une terrasse bordée d'hortensias et ombragée de tilleuls surplombant toute la vallée aux châtaigniers.

— J'ai pensé, dit-il en lui caressant la nuque, que nous pourrions y passer quelques jours. Ton dernier enregistrement a lieu demain, n'est-ce pas ? Ajaccio n'est qu'à une demi-heure d'avion. Pour ne rien te cacher, j'ai même pris nos billets en passant.

Elle appuya la tête contre son épaule, savourant sans y croire tout à fait ce « j'ai pris nos billets en passant ». Ainsi, tandis qu'elle le croyait si loin, il faisait la queue pour lui acheter un billet d'avion. En plein mois de juillet, l'attente devait sûrement être longue. Elle ne se disait pas qu'il aurait dû la consulter d'abord. Elle ne songeait pas à lui reprocher de décider tout tout seul comme Philippe, sans se soucier de savoir si cela lui plairait ou non. Qu'il eût fait la queue pour elle à un comptoir, elle trouvait cela merveilleux. Le champagne aidant, cette quête du billet d'avion devenait dans son esprit une véritable quête du Graal. Partir après-demain pour la Corse ? Impossible. Philippe et les enfants l'attendaient à Étretat. Elle leur avait promis de passer une semaine en famille avant de redescendre à Aix pour un dernier enregistrement. Mais il serait toujours temps de dire non demain. Ce soir, elle voulait rêver encore. Ne rien s'interdire. Laisser pour une fois les portes et les fenêtres ouvertes.

Les hirondelles du soir s'étaient évanouies. Couverte jusqu'ici par leur piaillement, la rumeur de la rue leur parvint. De temps à autre, comme si l'on avait ouvert une porte quelque part sous cet enchevêtrement de toits, une bouffée de voix et de musique montait jusqu'à eux. Dans un immeuble tout proche, un saxo se mit à jouer *Summer Time* de façon excessivement ralentie, suspendue, comme elle l'aimait. Puis le saxo se tut et un bruit de tam-tam dont on discernait plus nettement l'origine emplit la nuit. Alors, accompagné d'une trompette et d'un piano, le saxo reprit, plus vif, plus gai, comme un appel à descendre dans la rue, à se mêler à la foule, à ses odeurs et à ses lumières, à entrer dans la danse.

— On descend faire un tour ? proposa Anne.

— Si tu veux.

Elle le précéda dans la cuisine pour ranger le champagne dans le réfrigérateur. Lui remontant les cheveux d'une main, il l'embrassa sur la nuque. Elle se retourna vivement, lui encercla le cou de ses bras et se mit à lui mordiller gaiement les lèvres.

— Toi, toi, répéta-t-elle.

Elle lui prit la main pour l'entraîner vers l'escalier.

Dans la chambre de l'entrée, la plus chaude, celle aux volets toujours clos, la lampe de chevet était restée allumée. Son abat-jour vieillot jetait sur le drap une lumière abricot.

— C'est ton lit ? demanda Bruno.

13

Assis sur le bord du lit, le dos strié par les rais de lumière des volets, Bruno jouait à lui éparpiller les cheveux sur l'oreiller.

— Ça te va bien, tu sais, d'être décoiffée.

Tout à l'heure, il se glisserait sous sa douche et, comme hier soir, lui prendrait le savon des mains pour la savonner doucement. Puis il ouvrirait son placard, en sortirait la robe en fin coton qu'il avait choisie pour elle : « Voilà ce qu'il te faut, déclarerait-il. Tu es merveilleusement faite et l'on dirait que tu veux cacher ton corps. Je t'achèterai des robes... »

Le bonheur de le voir, nu, se lever, traverser la chambre, s'étirer au soleil... pourquoi ne le ressentait-elle pas davantage ? Elle repoussa les toasts grillés par Bruno. Brutalement, elle éprouvait le besoin d'être seule. Elle se retenait de lui demander de sortir, ne fût-ce que pour aller acheter des journaux ou des cigarettes au bout de la rue. La présence du jeune homme lui pesait-elle déjà ? Elle n'était pas habituée, en fait, à partager l'intimité d'un homme. Même pendant leurs premiers mois de mariage, Philippe et elle n'avaient jamais su (ou jamais désiré) s'abandonner au plaisir d'une grasse matinée. Tôt levé, y compris le dimanche, Philippe se trouvait toujours quelque chose à faire : travail, jogging ou tennis... En voyage de noces, déjà, dans les îles grecques, il descendait se baigner à sept heures du matin — « avant l'invasion de la horde de touristes », disait-il. Pour n'avoir pas l'air de bouder, elle avait fini par l'accompagner. Quelques mois plus tard, elle s'éveillait la première pour le biberon du bébé. L'habitude était prise : chacun son rythme. Cela leur évitait de se retrouver dans la salle de bains. Il ne leur serait même pas venu à l'idée de prendre un bain ou une douche ensemble.

Mais à quoi bon chercher dans ces souvenirs la clé du malaise qui l'empêchait de jouir de son bonheur présent ? Elle se conduisait comme une gamine. Elle était allée trop loin avec Bruno. Une « coucherie », aurait probablement dit Philippe. Maintenant, elle se trouvait au pied du mur. Il fallait lui demander d'annuler ce billet d'avion pour la Corse. Dans deux jours, elle rejoindrait Philippe et les enfants. Elle rentrerait dans sa peau de femme mariée : « Madame Philippe... » Parce qu'elle avait trouvé amusant de vivre quelques jours dans un appartement d'étudiant, elle se figurait être libre ? « Imbécile, se dit-elle. Tu te prends pour Mimi Pinson ? Tu te vois, partageant la vie de bohème d'un jeune metteur en scène et pouponnant sa petite fille blonde tandis que lui continuerait de séduire journalistes et actrices ? » Elle entendait déjà les ricanements des gens, au club de tennis, dans le dos de Philippe : « Il paraît que sa femme l'a plaqué pour un gigolo. » Elle imaginait surtout la stupeur de Frédéric et de Pascaline lorsqu'ils apprendraient le coup de tête de leur mère... Bien sûr, elle dramatisait : une escapade de quelques jours à la faveur de vacances d'été, ça n'engageait à rien, ni d'un côté ni de l'autre. Bruno eût été bien étonné s'il avait deviné ses scrupules. Elle passa en revue les femmes mariées de sa connaissance qui avaient une liaison : Marie-Hélène Delcourt, par exemple. Depuis trois ans, elle s'était découvert une passion pour l'opéra. Sous le prétexte d'assister à une première à Genève, Bruxelles ou Milan avec un groupe d'amis mélomanes, elle partait un ou deux week-ends par mois. Tout le monde savait avec qui. Son mari, pourtant, avait le bon goût de détester la musique et de rester sourd aux ragots. Aux gaffeurs qui l'interrogeaient sur l'absence de son épouse, Delcourt répondait avec un humour un peu douloureux : « Que voulez-vous, quand on a la chance d'avoir une femme aussi merveilleuse, il faut savoir la laisser s'amuser un peu... »

Mais Philippe ? Lui n'accepterait pas de fermer les yeux. Si elle prétendait partir quelques jours en Corse avec Claude chez des amis, il lui demanderait sûrement son téléphone et son adresse. Et s'il soupçonnait quoi que ce fût, il serait capable de venir la rejoindre. Ou bien il partirait sans laisser d'adresse. Cela ne lui ressemblait pas, mais savait-on jamais ? Le soir d'un dîner avec Francis Delcourt, il lui avait fait cette remarque : « A sa place, je partirais à la chasse en Écosse. Tu la verrais, ton amie Marie-Hélène, rappliquer en vitesse... »

Pas le courage de mentir. Pas le courage de risquer d'être abandonnée par Philippe ; encore moins de blesser ses enfants et d'être rejetée par eux. En vérité, elle n'aimait pas assez Bruno pour oser franchir le pas. Se rendait-il compte seulement de ce qu'il lui demandait ? Habitué aux filles libres, il ne pouvait mesurer à quel point elle était encombrée.

Elle se leva, enfila le kimono de Philippe et sortit sur la terrasse avec sa tasse de thé refroidi.

Bruno la suivit. S'appuyant des deux mains à la table de jardin, il la scruta avec insistance.

— Qu'est-ce qui ne va pas ? demanda-t-il d'une voix grave.

Vieille habitude de mentir pour avoir la paix, Anne faillit répondre : « Ce n'est rien, juste un peu mal à la tête : le champagne... »

Mais elle soutint son regard.

— Je dois téléphoner à mon mari et à mes enfants, dit-elle. Tu sais, ce voyage en Corse, j'ai peur que ce soit très difficile pour moi.

Il tira une chaise pour s'asseoir en face d'elle et lui prit les deux mains.

— Écoute, commença-t-il. Il faut savoir accorder du temps à l'amour. Ce n'est pas comme ça, en faisant l'amour entre deux portes, entre deux spectacles, que nous allons nous connaître. Donne-nous quelques jours. Je te le demande. Sinon, nous risquons de passer à côté l'un de l'autre. Et moi, je ne veux pas passer à côté de toi, Anne, tu comprends ?

Il lui pressait légèrement le poignet.

— Oui, fit-elle en se dégageant. Mais il faut que j'arrive à m'organiser pour les enfants. A deux jours de leur arrivée...

En un geste inachevé de retrait (ou d'offrande) elle avait laissé sa paume ouverte. Il y appliqua la sienne.

— Mais quel âge ont-ils ? Je les croyais grands.

— Pascaline, seize ans, et Frédéric quatorze, avoua-t-elle. Bien sûr, ils peuvent se débrouiller. Ce n'est pas comme Aurélia. Mais il faut les conduire en voiture au tennis, surveiller les devoirs de vacances... D'autant que leur père ne s'en occupe pas beaucoup. Il n'a jamais le temps...

— Eh bien, il apprendra. Les hommes ne sont pas incapables de s'occuper des enfants, quand ils y sont obligés. Moi, j'ai bien appris à m'occuper d'un bébé.

Il se tut. D'une fenêtre du premier étage leur parvenait la voix de métronome d'un répétiteur de mathématiques : « Cinq fois quatre ? » répéta la voix. Ils éclatèrent de rire.

— Un jour, reprit Bruno d'un ton plus léger, je te raconterai mon histoire avec Aurélia. J'en ai bavé, tu sais. Mais cela m'a appris à distinguer l'essentiel de l'accessoire. Et toi, tu fais partie de l'essentiel. Tu comprends cela ? insista-t-il en lui dégageant le front pour mieux voir ses yeux. Je l'ai su dès le premier jour, dès que je t'ai vue à la table de Claude. Tu te souviens ? Tu avais ta jupe rouge : je t'ai trouvée très... (il hésita sur le choix du mot) pure. J'ai aimé cette retenue qui te rendait tellement différente des autres. En même temps, tu avais l'air un peu perdue, l'air d'une petite fille effarouchée... avec une telle tendresse au fond d'elle. J'ai eu tout de suite envie de te protéger.

Anne se tut. Partir avec Bruno, être une femme amoureuse, bercée par des mots tendres, grisée par la mer, le parfum du maquis... Plus cet appel devenait irrésistible et plus elle prenait peur. Elle croyait vivre le rêve de la première nuit, quand elle n'en finissait pas d'être roulée par la mer sur les galets. Revoir Philippe et les enfants. Elle éprouvait le besoin impérieux de les entendre, de les toucher. Alors, tout redeviendrait clair. Les choses se remettraient à leur place... Oui, mais tandis qu'elle s'en persuadait, une autre voix s'insinuait en elle, lui murmurant que Bruno ne se laisserait pas oublier, qu'il valait mieux, beaucoup mieux qu'un flirt de vacances et qu'elle n'était pas folle de l'écouter, bien au contraire. La chance ne se représenterait plus : la chance unique d'aimer et d'être aimée. Pour la saisir, combien de femmes auraient tout quitté tandis qu'elle, petite-bourgeoise, faisait ses comptes ? Plus tard, ses enfants comprendraient.

Ils ne l'en aimeraient que plus d'avoir su vivre un grand amour.

Le vrai sage, c'était Bruno. Philippe ne savait pas consacrer du temps à l'essentiel, c'est-à-dire à l'amour.

— Tu n'es pas heureuse avec ton mari, dit Bruno. Tu l'aimes encore ?

— Je n'en sais rien, confessa-t-elle.

Il rentra dans la chambre. Anne resta songeuse, le menton appuyé dans la main. Qu'aurait répondu Philippe si quelqu'un lui avait demandé : « Aimez-vous votre femme ? » Elle l'imaginait l'air pincé : « Oui, bien sûr. » Mais savait-il ce que cela signifiait : aimer ? Elle-même le savait-elle ?

Une bouffée de vétiver lui annonça le retour de Bruno. Elle se retourna comme il se penchait pour l'embrasser sur l'épaule. Il portait sa chemise rose.

— C'est gentil, dit-elle, en faisant un effort pour paraître enjouée.

Ce parfum, cette chemise, cela ne lui ressemblait pas. « Bon chic-bon genre », eût ironisé Pascaline.

D'un geste de tendre remords, elle lui ébouriffa les cheveux.

— Je monte à l'archevêché, dit-il. Si tu ne travailles pas trop tôt cet après-midi, j'aimerais t'emmener déjeuner au bord d'une piscine. Je connais un endroit pas très loin d'Aix où nous serons tranquilles.

Elle hésita, imaginant le fin sourire du patron de l'auberge où elle avait dîné avec Philippe lorsqu'il la verrait revenir en compagnie d'un jeune homme qui ne pouvait pas vraiment passer pour son fils. Ils fixèrent un rendez-vous. Sur le seuil, elle le rappela.

— Bruno ?

— Oui ?

Au premier étage, le professeur de maths avait repris sa leçon : « Cinq fois sept ? Sept fois cinq ?... » Ils attendirent une réponse qui ne vint pas. Alors, dans la seconde de silence précédant les coups de klaxon impatients d'une camionnette de livraison, elle plongea :

— Je t'aime.

D'un élan enfantin, à la manière de Frédéric, il revint l'embrasser.

— Youpi ! s'écria-t-il. J'ai gagné ! Sais-tu que c'est la première fois que tu me le dis ?

Quand il fut parti, elle resta un moment sur la terrasse à se remettre de son émotion. Puis elle traîna dans l'appartement. Elle s'était crue très pressée de descendre téléphoner à la poste — si pressée qu'elle avait reproché à Bruno de la retarder. Mais maintenant, elle prenait tout son temps. Elle retapa le lit encore imprégné de leur odeur, se maquilla dans la salle de bains emplie de vapeur et respira ses effluves de vétiver dans le salon.

Elle eût aimé faire le marché pour lui. Ses pas la portèrent pourtant dans la direction opposée, vers la poste.

Quand elle y arriva, quatre personnes attendaient au guichet du téléphone. Elle regarda sa montre. Trop tard. Philippe serait parti au tennis et Frédéric, à la plage.

Convaincue d'avance de l'inutilité de ses efforts, elle prit la queue malgré tout derrière un touriste en short de tennis. Enfin, la préposée lui remit un bout de carton gris qui semblait avoir été mâchonné par des dizaines d'anxieux. « Cabine trois, mademoiselle. »

Elle pénétra dans la cabine habitée par l'odeur du gros homme en sueur qui l'avait précédée.

Ce fut sa mère qui lui répondit.

— Ah, ma chérie ! Ton Frédéric va très bien, nous nous entendons à merveille tous les deux. Je te le passe.

L'enfant, qu'elle devinait impatient de lui parler, était tout essoufflé.

— Maman, maman, lança-t-il. Est-ce que papa t'a dit ? Est-ce que tu es d'accord ?

— D'accord pour quoi ?

— Pour la compétition internationale de planche à voile.

— Écoute, Frédéric, parle-moi calmement. Je ne comprends rien. Tu veux disputer une compétition internationale de planche à voile ?

— Mais non, maman, la voir seulement : il y a plein de champions qui viennent, et des vedettes de cinéma. Ça va être super. Il y aura des centaines de planches à voile. C'est dimanche prochain. Je peux rester avec mamie ? Tu es d'accord ?

Anne soupira.

— Si tu veux, mon chéri. Mais à Étretat aussi, tu verras des planches à voile. Moi qui étais si heureuse de te retrouver... (Elle s'interrompit, honteuse.)

— Mais maman, on se verra lundi ! Alors tu es d'accord ? Ah, merci, maman chérie, je te promets de ne pas rester trop longtemps dans l'eau !

La joie exubérante de l'enfant la fit sourire. Hâtivement, elle composa le numéro de ses beaux-parents à Étretat. Mais l'appareil lui refusait toute tonalité. Elle ouvrit la porte de sa cabine pour appeler la préposée. Celle-ci affectait de ne pas la voir. Agacée, elle retourna au guichet.

— Mademoiselle, auriez-vous la gentillesse de me redonner la ligne ?

— Vous voyez bien que je suis occupée, rétorqua la préposée, une petite brune à l'accent pointu et aux mèches à la Bonaparte. Il y a trois personnes qui attendent.

— Mais, mademoiselle, plus vite j'en aurai fini et

moins ces personnes attendront. Vous n'avez qu'à appuyer sur le bouton !

— Quel numéro de cabine ? s'enquit la préposée sans lever les yeux.

— La trois.

— Vous avez votre carton ? Je dois encaisser votre communication avant de vous redonner la ligne.

La queue s'allongeait. Derrière Anne une grosse fille mâchait son chewing-gum, l'air indifférent. Un vieux monsieur cravaté répétait : « C'est inadmissible, c'est inadmissible... »

— Mais enfin, mademoiselle, explosa-t-elle, c'est ce que vous appelez travailler pour un service public ? Être au service du public ?

Tout y passa : l'irresponsabilité des fonctionnaires, ce qu'ils coûtent aux contribuables... Tous les poncifs qu'elle reprochait à Philippe. Le vieux monsieur approuvait de la tête : « Parfaitement ! Mademoiselle a parfaitement raison, c'est inadmissible. » Soudain, Anne prit conscience qu'on la regardait. Un esclandre. Elle était en train de faire un esclandre. Elle, Anne Lemonnier, qui ne daignait même pas répondre aux invectives des chauffards. En regagnant sa cabine, elle tremblait.

Ce fut Philippe qui lui répondit.

— Tu as de la chance. J'arrive à l'instant du tennis. J'étais convoqué ce matin à huit heures trente pour les éliminatoires.

Au ton de sa voix, elle devina qu'il avait gagné ce premier match, mais négligea de le lui demander.

— Je viens d'avoir Frédéric. Tu es d'accord pour cette histoire de planche à voile ? Il veut rester jusqu'à lundi.

— Si ça lui fait plaisir. Comme cela, il arrivera en même temps que Pascaline.

— Pascaline ?

Sa fille ne lui écrivait jamais.

— Oui. Tu sais bien qu'elle a accepté une invitation chez sa copine au Touquet. Elle va monter à cheval dans les dunes. Son rêve...

— Mais tu connais les parents ? Pourquoi ne m'as-tu parlé de rien ?

— Je croyais que c'était d'accord avec toi ? Tu n'as pas eu Pascaline au téléphone ? Enfin, n'en faisons pas une histoire... Ça te permettra de te reposer un peu avant l'arrivée des enfants. Je ne dis pas : de me voir. Car tu ne parais pas enchantée à l'idée de te retrouver seule avec moi.

— Seule ? Pourquoi ? Tes parents ne sont pas là ?

— Si, concéda-t-il, avec une pointe d'agacement. Mais...

Elle prit son élan.

— Écoute, justement, j'ai quelque chose à te demander.

Elle marqua un temps d'arrêt, comme le plongeur avant de se jeter la tête la première dans le vide.

— Pourquoi ne descendrais-tu pas me rejoindre ? Nous pourrions passer quelques jours sur la côte... Ou bien à Gordes, dans cet hôtel où nous avons déjeuné. Cela nous permettrait de revoir quelques maisons...

— Dans le Midi ? La dernière semaine de juillet ? Tu es complètement folle ! Rappelle-toi ce que nous a dit la patronne de l'hôtel à Gordes : « Du 15 juillet au 15 août, tout est pris. » En admettant que nous trouvions une chambre, franchement, je ne vois pas l'intérêt de se retrouver dans cette cohue. Nous serons bien mieux ici, au calme. Sans compter que je ne peux pas me « scratcher » au dernier moment. Alain compte absolument sur moi pour le double de Veules-les-Roses...

La cabine devenait irrespirable.

— Je comprends, dit-elle, pressée d'en sortir. Pour toi, finalement, l'essentiel c'est le tennis.

Toujours elle s'en souviendrait. En voyage de noces dans les îles grecques, ils avaient sacrifié Paros, qu'elle rêvait de connaître — Philippe n'aurait manqué pour rien au monde la finale de Roland-Garros.

— Pas du tout, tu le sais bien, protesta-t-il, arrangeant. Mais je ne comprends pas cette envie d'aller se jeter dans la foule alors qu'on est si bien ici. Partons plutôt en septembre. Il me restera une semaine de vacances...

— Bien, fit-elle. Tu as raison. Ça ne presse pas. On verra ça plus tard. Je te quitte, car je ne peux pas garder la cabine plus longtemps.

Elle raccrocha de façon abrupte, mais sans colère, soulagée de pouvoir enfin sortir de là. Comme les choses étaient plus simples ainsi. Elle irait en Corse. Son mari l'y envoyait. Elle se reprocha de ne pas lui avoir annoncé tout de suite son départ. Manque de courage ? Non, elle avait besoin d'air. Elle rendit son carton à la préposée et paya sans la regarder. Elle marcherait un peu le long du cours Mirabeau. Puis elle rappellerait Philippe d'une cabine.

L'air brûlant de la ville la surprit. Et si Philippe changeait d'avis ? Mieux valait mettre les choses au point tout de suite. Elle rentra dans le bureau de poste redemander un carton que l'employée lui tendit en haussant les épaules et en marmonnant. Philippe répondit tout de suite, comme s'il attendait son appel.

— Écoute, dit-elle, un peu oppressée. J'ai réfléchi. Les enfants ne rentreront pas avant lundi et toi, tu es très occupé par ton tennis. Dans ces conditions, je crois que je vais accepter l'invitation de Claude à passer quelques jours en Corse dans sa maison de famille. Un peu de Méditerranée me ferait vraiment du bien. J'avais refusé car je croyais que vous aviez besoin de moi tous les trois, mais je m'aperçois que cela te fera du bien à toi aussi. Profite de ton tennis et de tes parents... Ta mère sera si heureuse de t'avoir pour elle...

Il réagit vivement.

— Ne me fais pas dire ce que je n'ai pas dit ! Tu sais très bien que le tennis ne m'empêche pas de te voir. Tu ne vas quand même pas faire un drame...

Un drame ? Elle s'étonnait au contraire de se sentir si calme. Cette conversation lui était presque étrangère.

— Rassure-toi, dit-elle. Simplement, après être restée enfermée quinze jours dans des cabines vidéo, j'éprouve le besoin de nager. Le tennis te fait du bien. Moi, c'est la natation qui me régénère. Et puis, il nous restera septembre... si j'en ai la possibilité, si je peux prendre des vacances à ce moment-là.

— Comment ça ? Pourquoi ne le pourrais-tu pas ?

— Je t'expliquerai, dit-elle. Je te rappelle ce soir ou demain.

Ce soir, demain et s'il le fallait aussi, après-demain. Elle ne redoutait plus ces rendez-vous téléphoniques avec Philippe. Elle serait très calme, très courtoise, et même bavarde. Elle lui raconterait ses journées. Enfin, des journées. Elle ne se plaindrait plus. Elle n'aurait plus d'états d'âme ridicules. Lisse, imperméable, elle serait enfin une épouse modèle. Une épouse qui n'ennuie pas son mari en lui demandant plus d'attentions. Enfin détachée ! Philippe avait raison : pas de quoi faire un drame. Partir huit jours, ce n'était rien. Qui s'en apercevrait ? La seule difficulté, maintenant, serait de se composer un visage gai, de marcher vers

Bruno avec l'allure de celle qui avait pris joyeusement sa décision. Le croirait-il ? Ce matin sur la terrasse, il avait crié : « Youpi ! » comme un gamin. Mais dans son regard attentif, elle avait lu que Bruno, lui, ne se contenterait pas d'une apparence lisse. Avec lui, elle ne pourrait pas s'évader.

14

Une fourmi ailée était tombée dans son coca-cola. Du bout des doigts, elle essaya de l'y repêcher, puis y renonça et repoussa le verre. Sur la table de métal blanc sale, il laissa une traînée brune poisseuse.

— Tu n'as plus soif ? demanda Bruno.

— Non, une fourmi est tombée dedans.

— Veux-tu que je t'en commande un autre ? (Il fit mine de se lever.)

— Non. Ils n'ont que des boissons tièdes. Et quand on y ajoute de la glace, ce n'est pas la même chose.

De l'arrière-cuisine leur parvenaient des éclats de voix nasillardes, avec de brusques stridences.

— Un de ces jours, dit Anne, elles vont la tuer.

La serveuse infirme réapparut, portant un chat gris dans les bras. Elle vint s'asseoir à la table voisine. Les jambes écartées, l'œil torve et la lèvre inférieure pendante, elle se mit à dévisager Anne. Bruno scrutait avec intensité le ciel lourd.

— Il va y avoir de l'orage, dit-il enfin en reposant son Pastis avec une grimace.

La patronne de l'auberge, celle qui arborait un maquillage outrancier et que l'infirme avait appelée « Tata », réapparut.

— Voyons, Xaviera, dit-elle d'une voix suave. Tu

vois bien que tu déranges Monsieur et Madame. Va donc t'asseoir ailleurs. Tiens, va vider les cendriers !

Xaviera se renfrogna et ne bougea pas. Le chat gris s'échappa de ses bras pour venir se frotter au pied de la table. Anne retira ses jambes d'un mouvement brusque. La patronne s'appuyait à la table pour continuer la conversation.

— Oui, dit-elle, nous avons beaucoup d'orages pour un mois de juillet. Ça doit être très vert, là-haut à Tavella. Vous êtes bien de Tavella, n'est-ce pas ? Vous êtes bien le petit-fils du sénateur Casalonga ? (Elle prononçait « Casalongue » avec l'accent tonique sur le « lon ».) Bruno lui répondit avec un accent légèrement chantant qu'Anne ne lui connaissait pas. Ils bavardèrent quelques instants : le cousin Francesco venait de se marier ; la vieille boulangère, Mme Petracconi, était morte l'hiver dernier ; les commerçants fermaient un à un : pour trouver de la charcuterie, il leur faudrait monter jusqu'au gros bourg de San Pietro. Et « ils » coupaient le téléphone souvent, parfois pendant deux à trois jours...

Indifférente à cette conversation, l'infirme continuait à dévisager Anne. Enfin, la « Tata » parut s'apercevoir de sa présence.

— Xaviera, gronda-t-elle à nouveau de sa voix d'une douceur menaçante. Je t'avais dit de vider les cendriers.

Elle lui tendit un cendrier de plastique plein de vieux mégots et la poussa vers la cuisine.

Bruno se pencha vers Anne.

— Tu n'as pas l'air bien. Quelque chose ne va pas ?

— C'est cette soirée orageuse, soupira-t-elle. Et puis, je me fais du souci... J'aurais dû appeler les enfants avant de partir. C'est vrai ce qu'elle dit ? Que le téléphone ne marche pas bien ?

Il se rembrunit.

— Écoute, tu ne crois pas que tu exagères un peu ? A t'entendre, tes enfants n'auraient pas seize et quatorze ans mais six et quatre ans !

Elle ne répondit rien. La table se couvrait de fourmis ailées. Machinalement, elle traça du bout de l'index un cercle dans la poussière, comme elle le faisait chez elle autrefois pour vérifier que les étagères étaient bien époussetées. Puis elle considéra son doigt sale avec dégoût. Que venait-elle donc faire ici ? Dès la sortie de l'aéroport, elle avait su que cette île lui déplairait : ces dépôts d'ordures fumants au bord de la route, ces pavillons de banlieue à toits de tuiles mécaniques et barreaux de fer forgé vert fade... Comment Bruno pouvait-il supporter cette saleté, ce laisser-aller, cette médiocrité ?

Elle repoussa énergiquement du pied le chat qui venait se frotter contre ses jambes.

— Pardonne-moi, dit-elle enfin. Je te déçois. Je ne suis pas celle que tu espérais. Je crois que je n'aurais pas dû venir. Je vais être un poids pour toi...

— Ce n'est pas la question, coupa-t-il. La vérité, c'est que tu n'avais pas envie de venir. C'est moi qui n'aurais pas dû te forcer...

Il sortit de sa poche les horaires d'Air France et s'absorba dans leur étude.

— Que regardes-tu ? demanda-t-elle au bout d'un moment.

— Les horaires d'avions. Tu as un vol demain matin à dix heures cinquante qui t'amène à Paris à douze heures vingt. Évidemment, c'est un peu bête de monter ce soir juste pour une nuit. Mais je crois tout de même que tu dormiras mieux à Tavella qu'ici. Alors, on y va ?

Il affectait un air faussement dégagé qu'elle ne lui connaissait pas. Et ces horaires : voilà qu'il se mettait à parler comme Philippe. Désolée, elle posa la main sur son genou.

— Écoute... Je vais te faire un aveu. J'ai très faim. Si on dînait ici ? J'ai vu passer une soupe qui m'a paru bien sympathique.

Il lui jeta un regard incertain puis, soudain rasséréné, se leva pour l'embrasser.

Dehors, la vie revenait, paisible. Le bruit des gouttelettes de pluie, maintenant régulier, se mêlait à des appels familiers. Grincements d'une poulie, voix de femmes, échanges de propos sur l'orage d'un seuil à l'autre, clapotis de la fontaine. Un coq chanta — Anne se souleva de son oreiller pour regarder son réveil. Dix heures déjà. L'avion qu'elle devait prendre allait bientôt décoller. Elle s'étira avec un grand contentement puis, la tête tournée vers la fenêtre, laissa ses pensées vagabonder à travers le paysage de montagnes. Tout se confondait encore dans les gris. Poussés par une lumière venue de l'ouest, les nuages dégageaient lentement les crêtes rocheuses tandis que s'élevaient du lac, comme d'un feu mal éteint, des volutes de fumée. Peu à peu, le décor reprenait ses couleurs : émeraude du lac, rouille des rochers et bleu vif du ciel. Son regard détailla les personnages des rideaux de toile de Jouy fanée et s'arrêta sur le plateau posé devant la fenêtre : deux tasses roses, un pot à lait, une serviette tachée de café et une rose épanouie. Un jour, peut-être, se souvenant du désordre intime de ce plateau entre les rideaux désuets gonflés d'une légère brise, se dirait-elle que c'était cela, le bonheur.

Elle se remit sur le dos, les yeux fixés sur le plafond blanc d'où se détachait un lustre naïf aux abat-jour rouge vif. En arrivant hier soir, la maison, battue par la pluie, lui avait paru, avec ses murs de granit épais, ses volets bruns qui refusaient de s'ouvrir et ses robinets qui crachaient une eau rouillée, sombre et hostile. Ce matin, elle les enveloppait d'une présence maternelle. Anne se demanda où elle avait déjà ressenti cette sensation. Enfant, chez sa grand-mère en Charente. Oui, c'étaient bien les mêmes bruits du matin et, sous ses pieds, le même contact rugueux des draps de coton blanc. Elle s'étira en travers du lit pour prolonger cette jouissance rustique. Puis elle enfila un pantalon corsaire et une chemise de grand-père sortie d'un coffre par Bruno. Ses espadrilles de corde claquèrent avec un bruit léger sur les degrés de pierre. Elle se sentait libérée, rajeunie.

Elle trouva Bruno en proie à une grande activité. Il avait sorti du débarras une table de fer et de lourdes chaises pliantes comme on les faisait autrefois. Avec force raclements et grincements, il les descendait par le perron jusqu'au jardin en terrasse et disposait le tout sous le grand tilleul avec des bougonnements de propriétaire mécontent de l'entretien de son domaine. Cela devenait, disait-il, la « jungle ».

— C'est magnifique, lui lança-t-elle du perron.

Il se retourna. Dans la lumière qui filtrait entre les branches du tilleul, ses yeux et ses dents brillaient.

— Viens voir, dit-il avec une mine de conspirateur.

Il la prit par la main, l'entraîna vers le petit muret de pierre à demi dissimulé par les hortensias violets et cueillit dans l'arbre chétif qui en émergeait deux couples de cerises translucides, d'un rouge très clair.

— Des cerises fin juillet ! C'est magique ! s'exclama-t-elle, adoptant l'expression favorite de Frédéric.

Bruno lui en mit une paire en boucles d'oreilles et lui posa l'autre sur les lèvres. Elle prit les deux cerises en entier dans sa bouche, comme des bonbons.

— C'est drôle, dit-elle avec une grimace. Comment s'appellent ces petites cerises acidulées ? J'en mangeais autrefois, chez ma grand-mère. Elle nous faisait des cerises à l'eau-de-vie.

Il la guida à l'intérieur de la maison. Par la salle à manger dallée aux sièges revêtus de housses blanches, ils gagnèrent le couloir sombre qui menait à la cave. Bruno tourna une grosse clé rouillée et s'appuya de tout son poids contre la lourde porte de bois brut, qui s'ouvrit d'un seul coup sur une caverne embuée par les toiles d'araignée. Anne discerna des bonbonnes de vin et, sur les étagères, des bouteilles vides et quelques bocaux. Bruno en choisit un. Sous l'étiquette indiquant « 1965 », les cerises paraissaient d'un brun indéfinissable. Ayant réussi à grand-peine à ouvrir le bocal, il en goûta une.

— Elles sont toujours excellentes, annonça-t-il victorieusement. Je te propose une dégustation.

— A cette heure-ci ? Après le petit déjeuner ?

Il eut l'air amusé.

— Pourquoi pas ? Tes principes te l'interdisent ?

Il alla quérir deux cuillères en argent dans le buffet et, muni de son précieux butin, redescendit dans le jardin. Là, il la fit asseoir sur le muret et lui présenta une cuillère pleine d'eau-de-vie.

— Mais tu veux m'enivrer ! protesta-t-elle.

Ravis comme deux collégiens qui auraient fait

l'école buissonnière, ils se livrèrent à un concours : à qui jetterait ses noyaux le plus loin dans les fougères, en direction du lac.

Le soleil leur chauffait les jambes. On distinguait maintenant très nettement les toits rouges du village et toutes les nuances du cirque de verdure : du vert sombre des pins au vert tendre des ormes et des tilleuls, ponctués des taches jaunes des châtaigniers.

D'un œil expert, Anne examina les arbres les plus proches. Elle arrêta finalement son choix sur le grand orme qui étendait ses branches au-dessus du tilleul et leur faisait comme un toit.

— Tu grimpais à cet arbre quand tu étais petit ?

— Oui, j'y passais des heures à me raconter des histoires. Je m'installais sur la plus haute branche, face à la vallée, et c'était ma tour sarrasine.

— Moi aussi, j'adorais grimper aux arbres, murmura-t-elle. Chez ma grand-mère, je me faisais des « cabanes » dans les pommiers. Avec un cousin, nous y portions nos trésors. Quand j'étais seule, je lisais. Je chantais, parfois aussi. Je me jouais des sonates pour moi toute seule.

— A quel âge as-tu commencé le violoncelle ?

— Vers douze ans. Mais avant, je prenais des leçons de piano. Mon père avait tenu à me donner une éducation de petite fille modèle. En même temps, c'est drôle, il me traitait un peu comme un garçon. Il m'emmenait à la chasse. Nous faisions de grandes marches pour repérer le gibier. C'est ainsi qu'il m'a appris à lire : il traçait des lettres du bout d'une brindille dans le sable des chemins.

Elle se tut.

— Tu aimes beaucoup ton père, n'est-ce pas ? observa-t-il.

— Oui. Je me suis mariée très jeune pour échapper à sa tutelle mais je n'ai jamais cessé de chercher un homme qui lui ressemble.

— Et ton mari lui ressemble ?

— Pas du tout. Mon père est un homme de passion. Un joueur, au fond. Il a pris des risques toute sa vie. Il s'est endetté terriblement pour agrandir son vignoble et développer son affaire de négoce. Au point de se ruiner. Philippe, lui, est un homme raisonnable, organisé. Je croyais préférer cela... J'ai trop vu ma mère dans l'inquiétude. Puis, je me suis aperçue que la vraie sécurité est ailleurs : c'est de savoir qu'il existe quelqu'un d'assez fou pour tout lâcher et aller vous rechercher au bout du monde s'il vous arrivait quelque chose...

— Ton mari ne le ferait pas ?

— Je n'en sais rien, avoua-t-elle.

— Quand t'es-tu aperçue que tu ne l'aimais pas ? Cela fait longtemps ? Tu as eu beaucoup d'amants ?

Elle rougit.

— Non. Par conformisme plutôt que par fidélité, d'ailleurs. Pendant des années, comme nous n'habitons pas très loin de son bureau, mon mari est rentré déjeuner. L'après-midi, j'allais chercher les enfants à l'école... Cela ne me laissait pas beaucoup de temps pour être volage ! Si j'avais eu envie de partir un week-end, je ne vois pas comment j'aurais fait...

— J'aurais pu te rencontrer. Je faisais du baby-sitting, quand j'étais étudiant. Tu imagines ! Un soir, je serais allé garder tes enfants et je t'aurais enlevée ! Que de temps gagné !

— Penses-tu, tu ne m'aurais même pas regardée ! Tu m'aurais trouvée trop raide, pas assez sexy...

— Ah bon ? fit-il avec un brin d'insolence en lui posant la main sur la cuisse.

Elle se troubla.

— Parle-moi plutôt de tes conquêtes... Cette jeune femme... la mère d'Aurélia ?

— Je l'ai rencontrée au Conservatoire. Cela peut paraître idiot, mais c'est pourtant la vérité : on nous donna à étudier les rôles de Roméo et Juliette. C'est quelqu'un de très passionné, avec une vision de la vie assez tragique. Pour elle, par exemple, Juliette a la révélation de son destin dès sa rencontre avec Roméo. Dès qu'elle le voit, elle sait qu'il est porteur de sa mort. Pour moi, au contraire, Juliette est toute à la joie de son amour...

Anne dégagea sa cuisse en se croisant les jambes.

— Tu étais très amoureux d'elle ? Tu l'es encore ?

— Non. J'ai été trop blessé. J'avais fini par croire, auprès d'elle, qu'il ne peut y avoir de passion sans drame. Nous ne cessions de rompre et de nous réconcilier. C'était très excitant au début, même si cela m'a fait rater mon entrée en troisième année de droit, mais très destructeur.

— Tu crois que l'amour peut être paisible ?

— Oui. C'est si rare, l'harmonie. Être bien avec quelqu'un comme cela : simplement en bavardant dans un jardin, c'est unique. Pourquoi gâcher cette chance ?

Elle sourit.

— Et l'habitude ? Le train-train ? Tu ne sais pas ce que c'est. Tu n'as pas connu le mariage. Tu voulais l'épouser ?

— Plus ou moins consciemment, j'espérais la soumettre. Alors, je lui ai fait un enfant. Mais elle a voulu avorter sans me le dire. Il a fallu que je me batte pendant des semaines pour garder Aurélia. Je lui avais juré de m'en occuper entièrement, mais cela ne changeait rien. En réalité, elle refusait de devenir une femme. Ou de m' « appartenir ».

Anne regardait ses jambes et les trouvait désespérément blanches. Elle mesurait sa banalité. Elle n'était pas née, de toute évidence, sous le signe des grandes passions.

— Il commence à faire chaud, tu ne trouves pas ? dit-elle.

Laissant Bruno à ses souvenirs, elle remonta dans la chambre. Elle avait prévu de cirer les meubles, mais n'en voyait plus l'intérêt. Elle s'allongea sur le lit avec un livre. Au bout d'un moment, elle s'aperçut qu'elle tournait les pages sans lire. Elle essaya de se raisonner : elle n'était tout de même pas naïve au point d'imaginer que Bruno n'avait jamais aimé personne avant elle ! Mais ses confidences la remuaient profondément.

Comme toujours, la musique fut son refuge. Elle coiffa ses écouteurs pour entendre l'enregistrement du *Quatrième concerto* de Beethoven. Sans couvrir la course limpide du piano, l'orchestre l'emporta d'un mouvement puissant. Elle regrettait son injustice envers le chef. Ce concert était bien meilleur que prévu.

Bruno entra. Il s'approcha à pas feutrés pour l'embrasser sur le front.

— Je t'aime, dit-il.

— Quoi ? cria-t-elle en enlevant son casque.

— Je t'aime ! répéta-t-il plus fort. Qu'est-ce que tu écoutes ?

— Toujours mon *Quatrième concerto.* Nous devons faire le montage à mon retour.

— Alors, tu travailles ? fit-il, un peu déçu.

— Plus je l'écoute, plus je l'aime, répondit-elle, ignorant sa question. C'est vraiment mon concerto préféré. Ce lent apprivoisement de l'orchestre par le piano, puis cette allégresse de s'être enfin trouvés, d'aller au même pas...

— Tu en parles bien, dit-il. Je peux écouter un peu ?

Elle lui passa le casque. Il s'allongea contre elle.

L'orchestre attaqua le premier mouvement et elle se mit à pianoter sur la poitrine de Bruno la partition du piano.

— Mais... tu entends ? s'étonna-t-il au bout d'un moment.

— Non. Mais je connais la partition par cœur depuis le temps.

— Au millième de seconde près ? (Il arracha le casque, la regarda d'un air incrédule, puis l'étreignit avec cette brusque ferveur qui lui rappelait Frédéric.) Mon amour, mais c'est... c'est fou ! Tu as la musique en toi ! Tu es la musique ! Comment as-tu pu abandonner ton instrument ? Jure-moi de le reprendre ! Si tu savais combien je serais heureux de t'entendre jouer du violoncelle ! Rien ne me rendrait plus heureux ! Tu as tant de choses à exprimer, que tu ne nous dis pas autrement...

Elle hésita.

— Tu crois ? Je ne sais pas. J'aurais peur de te décevoir. J'ai énormément perdu. Ça ne se retrouve pas comme ça, un instrument, après des années.

Bruno fouillait impatiemment dans un tiroir de la table de chevet. Enfin, avec un petit cri de victoire, il en sortit une clé qu'il essaya aussitôt sur la porte près du lit. Elle s'ouvrit en grinçant sur une pièce fantôme, peuplée de sièges couverts de housses et qui sentaient la naphtaline. Au milieu, sous un grand linceul jauni, dormait un piano. Bruno poussa les volets, découvrit deux fauteuils puis, d'un grand geste, le piano. Il s'y installa et attaqua sur un rythme endiablé *Le Gai laboureur*. Elle éclata de rire et vint s'asseoir près de lui. Quand il eut terminé, elle se mit à jouer le deuxième mouvement du *Quatrième* de Beethoven. Les notes coulaient de ses doigts, douces, vibrantes.

Ils passèrent ainsi trois jours sans descendre à la plage. L'une après l'autre ils ouvraient toutes les chambres, y compris celles du grenier. Armés de grands balais, ils éventraient les toiles d'araignée et faisaient entrer le soleil à grands jets ; ils libéraient de leurs housses les meubles et les abat-jour et poussaient les flocons de poussière vers le couloir en faisant tourbillonner une pluie dorée. Et la maison, reconnaissante de ces caresses un peu bourrues, s'apprivoisait.

Après les travaux du matin, ils sortaient faire le marché. La quête d'un « bruccio » — le fromage blanc de brebis du pays — les mena jusqu'à une sorte de caverne à la sortie du village, où une vieille édentée leur remit d'un air soupçonneux le précieux gâteau de plâtre cannelé. Celle du saucisson local et du « lonzo » fait à l'ancienne, jusqu'à un village de montagne voisin. Ils y arrivèrent en plein midi, à l'heure de la fermeture. Pour faire ouvrir sa porte au boucher, Bruno dut frapper plusieurs fois et décliner ses quartiers de noblesse : « Je suis le petit-fils du sénateur Casalonga, de Tavella... » En silence, et avec beaucoup de lenteur — comme il convient de célébrer un rituel religieux —, l'homme alla chercher dans son arrière-boutique obscure une pièce de charcuterie tout enrobée d'une poussière vert-de-gris. Il la leur fit admirer et soupeser, puis l'enveloppa avec soin de gros papier marron.

La quête des œufs frais, le choix des fruits et de la viande leur prirent presque autant de temps et d'attentions.

Sur le chemin du retour, Bruno parlait d'omelette à la menthe. Anne proposait une ratatouille et s'émerveillait d'avoir repris tant de goût à la cuisine : un mois avant, elle préférait payer à ses enfants une pizza et un hamburger plutôt que d'avoir à composer un menu et dresser la liste des courses.

Après déjeuner, ils montaient s'allonger pour lire. Pudiquement, ils laissaient entre eux le sillon creusé par quelque grand-oncle. Deux enfants sages en chemise blanche. Au bout d'une demi-heure (avait-elle dormi, lu ou rêvé tout ce temps ?), Anne sentait, à je ne sais quelle vibration de l'atmosphère, à je ne sais quelle attente de ses seins et de son ventre, que Bruno ne lisait pas non plus. Elle savait que sa main brune, posée sur le dessus-de-lit blanc à quelques millimètres de sa hanche, allait bientôt se glisser sous sa chemise tandis qu'elle ferait semblant de continuer à lire pour prolonger la volupté de l'attente.

Un après-midi, alors qu'ils s'étaient endormis après l'amour, elle fut réveillée par une odeur de caramel brûlé. « Mon clafoutis ! » s'écria-t-elle. (Elle l'avait oublié dans le four.) Mais déjà, Bruno se précipitait dans l'escalier. Il réapparut triomphant, présentant sur un plateau, bien calé dans un torchon, le plat à gratin. Le spectacle de la peau odorante et craquelée la consterna. « Goûte », ordonna-t-il en tirant du bout des doigts un lambeau calciné pour découvrir la chair laiteuse. « L'intérieur est délicieux. »

Il lui tendit une cuillère ; les cerises brûlantes, un peu acidulées, laissaient échapper un sang clair et sucré. Surprise par la brûlure de la cuillère, Anne fit un mouvement brusque. Quelques gouttes de lait tombèrent entre ses seins. Bruno se pencha pour les lécher. Le téléphone sonna.

15

De la terrasse de l'aérogare, elle fixait le DC 8 Air France dans le fol espoir d'attirer Bruno à son hublot.

Ils s'étaient quittés si vite qu'ils n'avaient même pas eu le temps de se dire au revoir. D'habitude, elle préférait cela. Elle ne savait pas dire au revoir. Surtout au milieu d'une foule. « Reviens-moi vite », lui avait-elle seulement lancé au moment où il franchissait la barrière. Mais maintenant, les regrets l'assaillaient : elle aurait tant voulu lui exprimer sa fierté de le voir s'envoler vers ce contrat tant désiré. Pourquoi n'avait-elle pas été plus généreuse ? Elle rêvait de voir reconnaître son talent, et quand cela arrivait enfin...

Ce coup de téléphone au milieu de leur sieste amoureuse l'avait tellement perturbée qu'elle n'avait su manifester, d'abord, que sa déception : il était donc écrit qu'ils ne connaîtraient ensemble que de petits morceaux de vie ? Des parenthèses ? Comme il devait la trouver mesquine, lui qui l'encourageait à reprendre son violoncelle et parlait d'organiser un récital. Quel visage d'elle emportait-il ? Un rabat-joie...

Le gros avion se mit à rouler lentement. Au déchirement du décollage, comme un cri, succéda une sorte d'apaisement. Elle demeura un moment les yeux attachés au sillage blanc tracé dans le ciel pâle. Quand elle s'aperçut qu'elle était seule, elle descendit. Dans le hall, elle s'attarda encore au stand de cartes postales, choisit une crique avec un voilier pour Frédéric, une paysanne corse à l'ancienne pour Pascaline et gagna enfin, d'un pas pressé, la petite voiture qui l'attendait au soleil.

Que faire de ces longues heures qui s'offraient à elle ? Quelle direction prendre ? Personne ne l'attendait. Personne ne lui reprocherait d'être en retard. Pour la première fois peut-être de sa vie, elle se sentait entièrement libre. Elle en éprouva une sorte de griserie. Mais la maison austère et fraîche, là-haut, l'attirait davantage que les routes encombrées. Elle aspirait à ce recueillement. Elle décida de remonter après s'être baignée.

La plage de l'aéroport, hérissée tous les cinquante mètres d'une poubelle en plastique rouge, manquait évidemment de charme. Elle la choisit pourtant par crainte des embouteillages sur la route d'Ajaccio et pour son gros sable blanc rugueux qui glissait sans coller à la peau. Combien de fois avait-elle fait ce geste de laisser filer le sable entre ses doigts en songeant à son enfance, au temps qui passait, à l'amour si fugace... Du bout des pieds, elle tâta l'eau. Puis elle étendit sa serviette pour s'adonner au soleil encore bas auquel la mer offrait un miroir. Pourquoi se presser... Elle avait tout son temps.

Au bout de quelques minutes, une légère brise se leva, irisant la surface de l'eau et faisant naître les premières planches à voile. Les vagues, en lui léchant les pieds, parcouraient son corps d'ondes régulières. Au réveil, Bruno l'avait prise dans son demi-sommeil. Elle avait joui aussitôt, très fort, en lui mordillant l'épaule pour ne pas gémir, et cette jouissance laissait encore en elle, longtemps après, un vide : « La place d'un enfant », songea-t-elle en caressant son ventre tiède.

D'un bond elle fut debout et, sans prendre la précaution de mettre son bonnet de bain, courut dans l'eau en s'éclaboussant. Quand elle ressortit, en peignant ses cheveux avec les doigts pour se dégager les yeux et le front, deux hommes bronzés, plantés juste au bord de l'eau pour surveiller l'évolution d'une planche à voile, la regardaient. « Deux machos satisfaits », jugea-t-elle avec une pointe de dégoût en voyant l'un d'eux se caresser machinalement le séin sous l'aisselle gauche. Mais leur regard lui fit redresser les épaules et cambrer la taille. Elle fendit l'eau à longues enjambées, consciente de faire jouer les muscles de ses cuisses sous la peau ruisselante. Le malaise provoqué par le coup de téléphone si dérangeant d'hier après-midi se dissipait. Elle se sentait jeune, libre et désirée. Bruno était en elle, intimement lié à elle par cette jouissance.

Elle s'étendit sur le ventre, les mains dans le sable. Une odeur d'huile solaire et la voix nasillarde d'une mère appelant son enfant l'arrachèrent bientôt à son nirvâna. Elle releva la tête. La plage commençait à se peupler. A quelques pas, un gros bébé tout nu, son petit sexe pointé, s'avançait vers l'eau avec une démarche de canard. Frédéric... Elle conservait encore dans son portefeuille une photo de son fils à dix-huit mois. Coiffé d'un bob de coton blanc, il entrait dans l'eau avec son seau de plastique jaune. Elle ne regardait jamais sans rire ses petits bras potelés et les plis de ses cuisses. Corps d'enfants : leur douceur, leurs bras frais, si tendres et si tyranniques pour vous obliger à pencher la tête vers eux ; leur odeur de lait et d'amande... Comment retrouverait-elle Frédéric à son retour de

La Baule ? Elle ne l'avait pas vu en maillot de bain depuis l'été dernier. Il avait encore son torse étroit de petit garçon, mais déjà des jambes rugueuses de mâle. Lorsqu'il dormait, les joues gonflées par le sommeil et la bouche entrouverte, il ressemblait toujours à ses photos d'autrefois et elle ne pouvait s'empêcher de murmurer : « Mon bébé, mon gros bébé » en écartant ses mèches pour l'embrasser sur le front. Mais il avait perdu son parfum d'enfance. Pascaline aussi lui échappait depuis si longtemps. Retrouverait-elle sa fille quand elle aurait à son tour un bébé ?

Assis maintenant tout près d'elle, l'enfant quêtait son approbation en tapant les vagues mourantes avec sa pelle pour s'éclabousser. Elle lui sourit.

Hier, Bruno lui avait dit dans un élan : « Je voudrais un enfant de toi. » Ce désir l'émouvait. Depuis des années, elle repoussait l'idée d'avoir un troisième enfant : pas assez amoureuse de Philippe, trop éprise de son confort. En regardant jouer ce bébé, cependant, elle réalisait qu'il serait bientôt trop tard. Dans cinq ans, trois peut-être, ce serait fini pour elle. A quarante ans, les risques s'élevaient d'avoir un enfant handicapé. Comme pour protéger un trésor menacé, elle posa la main sur son ventre.

Allongé dix mètres plus loin, l'un des hommes qui l'avait regardée sortir de l'eau se souleva sur un coude pour la dévisager sans vergogne. Par défi, elle plongea et fit quelques brasses, puis s'essuya vigoureusement — non sans avoir secoué sa serviette pleine de sable, ce qui fit rire le bébé aux éclats. L'homme guettait le moment où elle se rhabillerait. Elle garda son deux-pièces mouillé et se contenta de passer une chemise. Comme elle regagnait le parking, un pare-brise lui renvoya l'image d'une sauvageonne qui ne lui déplut pas. Sans se retourner, car elle sentait toujours le regard de l'homme sur elle, elle démarra brutalement, en soulevant un nuage de poussière. Bientôt, passé les pavillons de banlieue de la plaine, la petite voiture entama vaillamment son ascension entre les rochers rouges et les buissons crépitant de sécheresse. Elle baissa les deux vitres pour mieux respirer les bouffées de romarin et alluma son poste. La radio locale passait un extrait du *Don Giovanni* qui devait être donné ce soir dans le cadre du festival d'Ajaccio : Ruggero Raimondi chantait « Viva la libertà ! ». Elle augmenta le son, puis le coupa : le commentateur croyait bon d'interrompre Mozart. Mais ce clin d'œil la réjouissait. Habitée d'une soudaine gaieté, elle se mit à chanter à tue-tête le « Viva la liberta ! » tout en enfilant ses virages à grands coups de débrayages et de crissements de pneus.

La fraîcheur de la maison la surprit. Soudain affamée, elle descendit l'escalier sans bruit, passa dans la cuisine prendre un saucisson et une bouteille de vin, et s'installa avec son larcin sur le petit mur au soleil. Autour d'elle, tout dormait. Les gens étaient à la plage ou en train de préparer leur déjeuner. Trop tard pour faire des courses. Il lui restait un cageot de tomates, des œufs et des pêches. Et l'idée de « tenir » deux jours sans rien acheter lui plaisait. A Paris, elle avait besoin de dépenser de l'argent pour se sentir exister. Elle ne calmait la fébrilité qui s'emparait parfois d'elle sans raison apparente qu'en sortant faire une course. Acheter n'importe quoi : un kilo de fruits, un foulard ou une casserole, mais acheter. Il lui arrivait de passer une heure au sous-sol d'un grand magasin (ce qu'elle détestait pourtant) en quête d'un outil ou d'une pièce de rechange qu'elle aurait pu trouver pour quelques centimes de plus à la quincaillerie. De ces errances sans but précis, ou au contraire avec une idée fixe qu'elle ne parvenait jamais à satisfaire (l'introuvable tailleur d'un certain bleu !), elle rapportait une chemise inutile pour Frédéric, une paire d'escarpins trop petits ou même une robe qu'elle ne mettrait jamais. Vues d'ici, ces journées parisiennes lui paraissaient d'une grande futilité. Trois jours sans signer un chèque, sans même ouvrir son portefeuille, quel repos ce serait... Le complément parfait de sa cure de mise en forme.

Son frugal repas terminé, elle mit son linge à tremper dans une grande bassine sur le rebord de la fontaine et monta prendre une douche. Elle se fit deux shampooings et se massa longuement le cuir chevelu avec une crème régénérante comme on le faisait chez son coiffeur. Puis, le temps de faire reposer la crème, la tête enveloppée d'une serviette, elle s'épila soigneusement l'entrejambe. Pour finir, après une dernière douche, elle se frictionna tout le corps avec une crème nourrissante et descendit ainsi, huilée comme un athlète, prendre son café dans un transat en se limant les ongles. Elle qui prétendait toujours ne savoir ni se coiffer ni se maquiller éprouvait un réel plaisir à accomplir ces gestes avec le plus grand soin, en véritable professionnelle.

C'était la première fois qu'elle prenait vraiment le temps de s'occuper d'elle-même et le résultat dépassait ses espérances : sa peau lui paraissait comme neuve, ses cheveux, en séchant au soleil, devenaient soyeux.

Elle passa ainsi l'après-midi à se brosser les cheveux, à faire sa lessive sur la margelle de pierre avec des gestes antiques de lavandière et à lire en levant de temps en temps les yeux pour observer le merle qui sautillait du poirier au tilleul. Ce soir, elle ramasserait une corbeille de tilleul et se préparerait une tisane.

A quatre heures, quand la brise tomba, elle s'aperçut que ses jambes et ses joues la brûlaient et se reprocha d'avoir abusé du soleil. Elle remonta dans la chambre et s'étendit en travers du lit resté défait. Tout son corps était dans l'attente de celui de Bruno. En même temps, elle savourait le plaisir d'occuper tout le lit. Elle dormit un peu, puis descendit se préparer du thé.

Elle traversait la salle à manger avec son plateau quand le téléphone sonna. La voix de Bruno, chaude, très présente, fit renaître en elle le plaisir du matin.

— Qu'as-tu fait de ta journée ? s'enquit-il.

— Rien. J'ai pensé à toi, à nous. Je ne te l'ai pas dit assez : ce contrat, comme je suis heureuse...

— Comment es-tu habillée ?

— J'ai juste mon paréo. Je me séchais les cheveux.

— Et tu es nue en dessous ?

— Oui.

Il observa un silence et elle crut sentir son haleine.

— Mais dis-moi, reprit-elle, ce rendez-vous ? Comment s'est-il passé ? Je suis impatiente de savoir !

— J'ai vu le directeur du festival. Nous devons dîner ce soir avec le représentant de l'industriel qui est son principal mécène. A l'hôtel Crillon. Il va falloir mettre un costume et une cravate. Tu n'imagines pas ce qu'il fait chaud à Paris. Profite bien de la fraîcheur de Tavella. Le plus dur, ce sera la journée de demain : ils sont très coriaces sur le budget. Je ne peux tout de même pas rogner sur tout... Mais je voudrais bien l'avoir, ce contrat ! Tu nous vois ? Un mois à Spolète en juin prochain ?

— Reviens-moi vite, souffla-t-elle.

Elle raccrocha presque brutalement. Pourquoi le

ton enjoué de Bruno la gênait-elle ? Elle attendait de lui plus de gravité. C'est par sa gravité qu'il avait su la toucher.

Distraitement, elle parcourut les titres du journal de la veille, posé près du téléphone. Son regard tomba sur quelques mots griffonnés par Bruno dans un coin. « Sophie, Espace Cardin, mardi, 21 heures. » Qui était Sophie ? Et pourquoi Bruno avait-il tenu à préciser qu'il dînait ce soir au Crillon alors qu'elle ne lui demandait rien ? Lui mentait-il comme un mari ? Aucun engagement ne les liait pourtant. Quelle idée se faisait-il donc d'elle ? Tout cela paraissait absurde. Absurde et humiliant. Que faisait-elle ici, seule dans la maison de famille d'un inconnu, alors que ses enfants l'attendaient en Normandie ? Parce que Bruno savait la faire jouir au petit matin, elle perdait toute lucidité ? Elle sortit sur le perron. Soudain, la perspective de passer la nuit seule dans cette maison lui parut insupportable. Peut-être existait-il un avion tard ce soir pour Paris ?

Elle rentrait téléphoner quand la sonnerie retentit à nouveau. Bruno la rappelait.

— Mon amour, dit-il d'un ton de reproche. Tu as raccroché si vite que je n'ai même pas eu le temps de t'annoncer la bonne nouvelle : finalement, j'espère être rentré demain soir. Je ferai l'impossible pour attraper l'avion de vingt heures. Tu m'entends ?

Elle n'entendait pas. Ses oreilles bourdonnaient. Elle aspira une grande bouffée d'air.

— Mais, fit-elle d'une voix oppressée, je croyais que tu avais un dîner important demain soir...

— Ce soir. Demain, j'espère pouvoir y échapper. Il ne faut tout de même pas qu'ils me croient à leur botte ! J'avais tant rêvé de cette semaine dans le calme avec toi. Comment es-tu ? Tu n'as pas quelque chose à me dire ? Je te sens si lointaine...

— C'est vrai, dit-elle sourdement, je suis loin. Je me demande ce que je fais là. J'allais appeler l'aéroport...

— Tu ne parles pas sérieusement ! Il suffit que nous soyons quelques heures séparés ? Tu as si peu confiance ? Écoute-moi bien, Anne, ma chérie. Je te demande de m'écouter. Ce que j'ai à te dire est sérieux : si tu le souhaites, je rentre demain matin. Je reporte la discussion du contrat et je rentre. Tu m'entends ? Pour moi tu es plus importante qu'un contrat. Les contrats, j'en aurai d'autres. Mais toi, je ne veux pas te perdre... Quelle langue devrais-je parler pour que tu me comprennes enfin ?

Elle sourit.

— Non, ne reviens pas sans contrat. Je t'attendrai. Je t'aime trop, voilà tout. Alors, par moments, je m'égare un peu, je me fais des idées...

— Quelles idées ? Il faudra que tu m'expliques tout cela. A demain, ma petite fille cherie. Non, à ce soir. Je te rappellerai cette nuit en rentrant.

— Je t'attendrai, promit-elle à nouveau, apaisée par ce « ma petite fille ». Je t'embrasse.

Elle s'assit. Se mettre dans un état pareil pour un nom griffonné sur un coin de journal ! Quelle sottise. Pourquoi ne savait-elle pas faire confiance à la vie ? D'instinct, Bruno avait trouvé la formule magique : « Ma petite fille chérie. » Son père autrefois l'appelait ainsi. Cela aurait pu paraître ridicule dans la bouche d'un jeune homme de quatorze ans moins âgé qu'elle, mais Bruno possédait une sorte de génie : rien chez lui n'était jamais déplacé.

Le jardin exhalait un parfum chaud de tilleul et de rose. Un grand désir lui vint de se nourrir de ces odeurs, de ces couleurs, de toute cette vie de la nature autour d'elle. En partant maintenant, elle atteindrait le col de la Madalena avant le coucher du soleil. Elle monta s'habiller et, chaussée d'espadrilles à semelles de corde, se mit en route.

Dès le premier virage, on pénétrait dans un véritable tunnel de verdure dont les châtaigniers, accrochés en surplomb de la chaussée, formaient la voûte. La terre s'éboulait sous leurs pieds et certaines de leurs racines, hautes de près de un mètre, se tordaient dans le vide. La prochaine tempête libérerait les racines encore enterrées et mettrait fin, d'un coup, à ce long, à cet interminable arrachement.

Peu avant le sommet, la route lui offrit enfin une vue dégagée sur le village. Le lac avait viré au gris métallique. Sa surface striée éclatait çà et là en copeaux d'écume. Aspirés par une espèce de spirale, des merles de plus en plus nombreux tournoyaient à la verticale au-dessus de l'eau. Un énorme fracas parut les emporter. Anne sentit s'écraser sur ses épaules de larges gouttelettes froides. Loin de chercher à s'abriter, elle renversa la tête pour boire la pluie et s'en purifier. L'averse fut aussi brève que violente.

Quand elle reprit le chemin du retour, des ruisseaux de cailloux roulaient sous ses pas, l'entraînant dans leur course sous la pluie jaune des châtaigniers qui secouaient leurs lourdes branches chargées de pollen détrempé.

A l'entrée du village, la grosse Mme Castella, fidèle à son poste, surveillait les allées et venues devant la porte de sa maison. Elle abandonna sa chaise de paille pour venir à la rencontre d'Anne.

— Vos cheveux sont tout bouclés par la pluie ! s'exclama-t-elle. Vous n'avez pas de chance ! Ça fait au moins dix ans qu'on n'a pas vu d'orage comme ça en juillet. D'habitude, nous en avons après le

15 août. Mais septembre est très beau. Septembre, octobre, ce sont les plus beaux mois. Mai, juin aussi. Il faut voir ça ! Quand tout est fleuri et que le lac est plein jusqu'au ras des pins.

Mme Castella était lancée. Elle évoqua les hivers d'autrefois, quand on n'avait ni électricité ni chauffage et qu'il fallait aller chercher l'eau à la source en enfonçant dans la neige. Assise à côté d'elle, Anne relançait de temps à autre le récit par un mot ou un signe de tête approbateur.

— Quelquefois, poursuivit Mme Castella, j'emmenais le petit Bruno. Il adorait la neige. Il riait aux éclats. Qu'il était gentil, ce petit ! Affectueux. Souvent aussi, il m'accompagnait à la boulangerie. Je le prenais au passage. Il adorait la vieille boulangère, celle qui est morte l'hiver dernier. Elle gardait toujours quelque douceur pour lui. (Elle soupira.) Ensuite, on ne l'a revu que l'été, de temps en temps. C'est comme ça ; il n'y a plus que des vieux au village. Les jeunes s'en vont à la ville pour travailler et pour les vacances, ils préfèrent la mer. Mais Bruno, lui, revient toujours. Il est très fidèle. Nous l'aimons beaucoup, vous savez.

Anne attendit la suite. Apparemment, pourtant, Mme Castella ne voulait pas en dire davantage à une étrangère.

— Moi, ce que j'aurais aimé, soupira-t-elle, c'est que mes parents connaissent un peu du bien-être que nous avons maintenant. On n'était pas pauvres. On avait déjà cette maison (elle désigna fièrement la rude bâtisse de granit à laquelle elle s'adossait chaque soir), mais si vous saviez comme ils travaillaient dur. Aujourd'hui, les jeunes ont tout le confort : la télé, le chauffage, la voiture, tout... et ils ne sont pas heureux.

Alors, elle parla de sa machine à laver le linge dont elle ne se servait pas, car elle avait plus vite fait, malgré ses quatre-vingt-deux ans, de laver à la main.

— Je vis avec ma sœur qui a sept ans de moins que moi, expliqua-t-elle. Elle a perdu son mari il y a dix ans et moi, le mien, deux ans plus tard. Nous avons chacune nos spécialités. Elle fait le café, et moi les soupes...

— Et vous vous entendez bien, toutes les deux ?

Mme Castella fronça le nez.

— C'est une question de savoir s'arranger, vous savez. Maintenant, les jeunes n'arrivent plus à partager une maison. Pourtant, rien n'est pire que la solitude.

Anne acquiesça sans conviction. Le froid la gagnait. Il lui tardait de se retrouver seule dans sa grande maison. Elle prit congé de sa voisine et dévala la pente en serrant contre elle le bocal de soupe et le bouquet de basilic que Mme Castella avait absolument tenu à lui donner.

En rentrant, elle eut la désagréable surprise de constater que la lumière du vestibule ne marchait plus. Un coup d'œil alentour lui confirma que la panne de courant était générale. A tâtons, elle se mit en quête de bougies. Elle n'en trouva pas dans le tiroir de sa table de chevet. Pas davantage dans le buffet de la cuisine. Elle se souvint d'en avoir vu une boîte sur la cheminée de la chambre d'enfant de Bruno.

Timidement, elle tourna la clé dans la serrure. La porte grinçante lui résista un peu. Elle ouvrit les volets pour aérer la chambre au lit étroit, aux fauteuils habillés de housses et faire entrer la lumière du crépuscule. La boîte à bougies se trouvait bien sur la cheminée. Elle en alluma une et revint à la fenêtre pour respirer la bonne odeur de foin mouillé qui montait du jardin. Au passage, un cadre de photos posé sur le secrétaire attira son regard. Parmi quelques clichés jaunis d'inconnus — parents et cousins, sans doute — elle reconnut Bruno à l'avant d'un voilier. Arc-bouté à un cordage, la tête levée, il semblait hisser un foc. Quel âge pouvait-il avoir sur cette photo ? Seize, dix-sept ans ? Il avait l'air si juvénile et si heureux, tout entier à son effort. Sa poitrine lisse brillait, la tension des muscles faisait paraître ses jambes plus fuselées. « Des jambes de Mercure » sourit-elle. Dans le coin gauche inférieur du cadre, à demi caché par la photo du voilier, on le voyait avec le même maillot de bain rayé. La main tendue, il se retournait pour aider une fille en short à grimper sur un rocher. On distinguait mal le profil de la fille, caché par une mèche de cheveux blonds, mais plus nettement ses jambes, ravissantes. Un flirt ? Une cousine ? La mère d'Aurélia ? La scène, quoique floue, dégageait une impression d'harmonie physique, d'innocence et en même temps de désir un peu trouble. Combien de jeunes filles blondes Bruno avait-il aimées ? Tandis qu'Anne s'interrogeait, ses doigts jouaient avec la petite clé dorée du tiroir. Elle l'ouvrit sans réfléchir, s'attendant à trouver un fouillis de vieux crayons, de cahiers d'écoliers et de billes d'agate. Le tiroir était bourré de lettres. Elle dégagea celle du dessus, restée coincée dans le meuble. « Mon Bruno, lut-elle, toi si beau... » Rougissant jusqu'à la racine des cheveux, elle referma brusquement le tiroir. Qu'est-ce qui lui avait pris ? Comme dans un film au ralenti, elle se vit entrer dans la chambre et ouvrir le tiroir. Cette image de fouineuse lui fit horreur.

Ce soir-là, Anne manqua son rendez-vous avec la chatte grise qui se glissait dans le jardin à la tombée de la nuit. Elle se monta un grand bol de soupe dans la chambre, comme elle le faisait chez elle quand il lui arrivait d'être malade : elle avait pris froid sous la pluie et toutes ces interrogations sur Bruno la taraudaient. Après dîner, surmontant sa crainte de tomber sur sa belle-mère, elle appela Philippe. Il parut content de l'entendre.

— Quand nous reviens-tu ? demanda-t-il.

Et ce « quand nous reviens-tu » la réchauffa.

— Probablement avant la fin de la semaine. J'ai hâte de me retrouver en famille.

Vers deux heures du matin, elle fut réveillée par des claquements de portières et des éclats de voix. Elle sortit sur le balcon. Planté les jambes écartées près de la fontaine, un jeune homme pissait dans le jardin des voisins. A quelques pas derrière lui, sa compagne, enveloppée d'un châle noir, pleurait. L'homme ferma sa braguette et, sans se retourner : « Tu viens ? » jeta-t-il. Docilement, la fille le rejoignit. Il lui mit la main sur la nuque, pesamment, et la poussa devant lui. Malgré le pâle clair de lune, Anne distinguait leurs attitudes avec une grande netteté. Dans ce geste qu'on aurait pu imaginer tendre, elle vit une telle volonté d'asservir qu'elle pensa au joug de bois qu'on mettait autrefois aux vaches. Une vache soumise, voilà à quoi ressemblait cette fille qui avait sans doute bravé son père pour sortir ce soir avec ce garçon. Voilà à quoi ressemblaient toutes les fières cavales, si anxieuses de se trouver un homme à peine échappées du logis familial.

Bruno fut de retour le lendemain soir.

— Je t'emmène voir le coucher de soleil aux Sanguinaires, lui annonça-t-il, à peine débarqué. Et demain nous irons à Porto. Je me suis fait des reproches à Paris. Tu ne peux pas quitter la Corse sans avoir vu les Sanguinaires et le golfe de Porto. Nous descendrons aussi passer une nuit à Bonifacio. Nous louerons une chambre sur le port. Tu verras, c'est un endroit extraordinaire.

Anne l'observait un peu perplexe, mais se défendant mal du bonheur de le voir si joyeux, plein de projets et d'un dynamisme communicatif. Il était revenu pour elle. Les pressentiments de la veille se dissipaient.

Pour gagner la plage des Sanguinaires, il fallait traverser Ajaccio. Au soleil couchant, toute la ville se pressait sur le cours Napoléon et les vacanciers, saturés de plage, venaient prendre l'apéritif et examiner les menus touristiques sur le port. Philippe n'aurait pas supporté cette cohue. Avec Bruno, au contraire, l'entrée dans la ville, ses bruits et ses lumières devenait une fête. Chaque arrêt offrait le prétexte à une anecdote. Ici, se trouvait la pâtisserie où sa mère, autrefois, achetait les traditionnels millefeuilles après la messe du dimanche. Là, le Conservatoire de musique. Plus loin, la statue monumentale de Napoléon dont un ancêtre de la famille Casalonga avait été le cousin et le rival.

Quand ils y arrivèrent enfin, la plage était presque déserte. Anne n'avait plus envie de se baigner. Elle s'assit sur une serviette de bain. Bruno courut sans hâte vers la mer violette où le soleil venait de sombrer et elle mit sa main en visière pour suivre sa silhouette de coureur souple à contre-jour. Attablées au bar de la plage à quelques mètres derrière elle, deux jeunes filles commentaient le spectacle. « Il est pas mal fichu, ce mec, dit l'une. Dommage qu'il ne soit pas plus grand. Mais il court bien. Il a du style. » « Oui, fit l'autre. Il a des jambes superbes. C'est rare. La plupart des mecs, maintenant, ont la cuisse lourde. »

Bruno s'évanouit dans la nappe grise et mauve puis réapparut et revint vers elle au petit trot.

— Tu as tort, dit-il, elle est délicieuse. Quel bien cela fait, après l'avion !

Il s'essuya vigoureusement et s'assit à côté d'elle en prenant soin de ne pas la mouiller. En silence, ils contemplèrent l'hallucinant coucher de soleil des Sanguinaires.

— Regarde-moi, dit-il enfin. Dans les yeux.

Elle tourna la tête vers lui, admirant ses yeux sombres. Sous les cils encore embués, il la scrutait avec tendresse. Il approcha son visage, cils contre cils.

— Ma petite fille, dit-il. Ma très secrète.

« Il est beau, trop beau », songea-t-elle avec une sorte d'effroi.

— Je t'aime, dit-elle.

Et elle sut qu'il lui faudrait accepter de ne jamais savoir l'entière vérité.

16

Là-bas, la poussière dansait, légère, dans les rayons de soleil quand ils ouvraient les volets. Ici, elle lui paraissait collante, oppressante. Par habitude, elle passa le doigt sur l'un des abat-jour rouges du salon. A quoi bon ? Elle n'allait pas commencer à faire le ménage ! Elle remonta les stores et s'assit sur une chaise pour contempler son salon d'un œil neuf. Le canapé crème lui parut sale, comme la toile de lin sur les murs. Pourquoi avait-elle succombé à cette mode coûteuse et stupide de tendre les murs de tissu ? Quant à la moquette chinée beige — réputée insalissable — elle virait au gris-jaune. Dès son retour d'Étretat, elle profiterait des quelques semaines précédant la rentrée des classes pour la changer. L'idéal serait d'ailleurs de l'enlever pour la remplacer par des tommettes de terre cuite sur lesquelles on jetterait quelques tapis. Mais Philippe se laisserait-il convaincre ? Elle monta dans sa chambre et ouvrit sa valise sur le lit avec un soupir de contentement. Ici, elle se sentait bien. Elle retrouvait avec plaisir l'atmosphère de cette pièce tendue d'un chintz imprimé qui n'avait presque rien perdu de sa fraîcheur. Puis, elle savourait le plaisir de s'y trouver seule. Vraiment seule, c'est-à-dire sans crainte d'être à tout moment dérangée par Philippe, les enfants ou la femme de ménage. Avec des gestes au ralenti elle rangea ses vêtements et sortit des serviettes-éponges neuves bien épaisses. Le miroir de la salle de bains, très éclairé (contrairement à ceux de la maison corse, d'ailleurs piquetés), lui renvoya un visage lisse, doré, éclatant. Dans les toilettes de l'avion, déjà, elle ne s'était pas reconnue. Mais ce visage différent dans son cadre habituel la surprenait encore plus. Sans qu'elle sût au juste si c'était sa coiffure, son teint, sa silhouette ou son regard qui avait changé, cette étrangère la séduisait.

Sa douche prise, elle s'enroula dans une serviette et s'étendit sur le lit. La percale glacée lui parut fraîche et douce sous la peau.

Philippe et les enfants ne l'attendaient qu'au train de dix-neuf heures. Une heure à elle avant de reprendre son rôle d'épouse et de mère. La chaîne stéréo se trouvait tout près du lit. Elle n'avait qu'un geste à faire pour glisser dans la musique. Elle choisit son enregistrement préféré de l'*Arpeggione* de Schubert, avec Mikalovitch au violoncelle. Depuis longtemps, elle considérait cette interprétation comme son modèle. Or, l'émotion attendue ne vint pas : Mikalovitch y mettait trop de vibrato. Son jeu lui paraissait maintenant — comment dire ? — « extérieur ». Si elle rejouait un jour l'*Arpeggione,* elle voudrait l'interpréter plus sobrement, avec plus de retenue...

Mue par un désir soudain, elle ouvrit la porte du dressing-room où elle rangeait ses vêtements d'hiver et écarta les manteaux derrière lesquels se cachait le violoncelle dans son étui noir et poussiéreux. Elle tira les taquets. Tel un joyau que l'on révèle à la lumière en ouvrant son écrin de velours sombre, le bel instrument en sommeil la surprit par son éclat brun. Lentement, du bout des doigts, puis de la paume, elle le caressa, émue de le retrouver si doux, si parfait de forme. Puis elle referma la boîte avec respect et revint dans la chambre écouter son cher concerto numéro quatre de Beethoven.

Au rythme tantôt grave et tantôt gai du piano, Bruno l'aurait enlacée par la taille et fait rouler sur lui en lui embrassant le cou, les épaules... Pourquoi ne lui avait-elle pas demandé de l'accompagner ? Il aurait accepté. Il n'attendait peut-être que cela. Mais voilà : elle n'avait pas osé. Toujours ces blocages, ce désir de se protéger. Se protéger de quoi, à la fin ? Elle composa le numéro de Tavella. La ligne était occupée. Curieux. Là-bas, personne n'appelait jamais et Bruno ne téléphonait pratiquement pas. On se déplaçait plutôt pour aller voir les gens. Elle refit le numéro. Sans doute la ligne était-elle en dérangement ? Agacée, elle se leva pour retourner la cassette de Beethoven. Mais elle ne pouvait plus penser qu'à ça : ce téléphone occupé et ce tiroir encombré de lettres dans la chambre d'enfant. Maintenant, il lui tardait de prendre son train.

Ce fut seulement sur le quai de la gare qu'elle réussit à joindre Bruno. Tout le village était privé de téléphone depuis le matin.

— Qu'as-tu fait, demanda-t-il, de tout l'après-midi ? J'essayais de t'imaginer. J'aimerais connaître ta maison. Tu m'y amèneras un jour ?

— J'y ai pensé, avoua-t-elle. Tu serais venu ?

— Tout de suite, si tu veux. Je saute dans un avion...

Cette rapidité de réaction, contrastant avec un calme et une attention d'homme mûr et protecteur, la déconcertait toujours.

— J'ai écouté le *Quatrième* de Beethoven, souffla-t-elle au moment où l'appareil à sous commençait à clignoter. Tu me manques...

Le train allait partir. Elle prit son élan pour rejoindre le wagon de tête. En la voyant passer, deux contrôleurs interrompirent leur conversation.

— Courez pas si vite, mademoiselle, lui lança l'un d'eux. On partira pas sans vous. Ce serait dommage. Une si belle passagère !

Elle lui répondit d'un sourire. Être aimée de Bruno la rendait donc si séduisante ?

Elle avait emporté son casque et les cassettes du *Requiem* de Verdi qu'elle devait étudier pour Claude. Mais elle n'y toucha pas. Sous ses yeux défilaient les prairies normandes d'un vert intense et, avec elles, les images de l'été de ses fiançailles. La première fois qu'elle avait pris ce train vers la Normandie avec arrêt à la gare de Bréauté-Beuzeville, c'était aussi en juillet. Elle portait une robe blanche. Il faisait très chaud. Un été de canicule dont on parlerait encore des années plus tard. Philippe l'attendait sur le quai, si raide au milieu des familles qui s'embrassaient quatre fois sur les joues. Après déjeuner, il l'avait emmenée marcher sur la falaise le long du golf. La traditionnelle promenade des amoureux. Mais de cette promenade, elle ne gardait aucun souvenir : ni confidence ni élan... pas même une odeur de foin ou de mer, pas même la douceur d'un frôlement de mains. Pas une sensation précise, sauf le cri strident des mouettes qu'elle gardait encore dans l'oreille. Elle avait beau solliciter sa mémoire, son corps, pourtant ému par la douceur de cette fin d'après-midi et avide de respirer l'odeur de la mer — la vraie mer, celle qui sentait le varech et se fracassait sur les galets —, son corps, qui se souvenait du goût des crevettes chaudes et du cidre, du contact des galets sous la plante des pieds et de la tendresse des bras d'enfants autour de son cou, se refusait à lui restituer une quelconque sensation de cette promenade. En vain cherchait-elle aussi à retrouver la saveur des baisers de Philippe. Il ne l'embrassait plus. Ils faisaient l'amour, mais leurs lèvres se fuyaient, glissant tout naturellement vers la joue, vers un baiser de frère et sœur. Ou de mari et femme. Les lèvres de Bruno étaient bien dessinées... Elle aimait en tracer le contour du bout des doigts. Un jour, elle aimerait lui faire découvrir la côte normande.

Elle se demanda si les enfants viendraient la chercher au train avec Philippe. Dans ce cas, elle insisterait pour qu'il les emmène prendre un verre de cidre ou simplement marcher un peu au bord de la mer tous les quatre.

Il fallait bien se l'avouer : l'idée de revenir sous le toit de sa belle-mère et de se plier à ses habitudes l'étouffait plus encore que celle de retrouver Philippe et ses questions. Elle n'avait jamais eu le moindre accrochage avec cette femme unanimement qualifiée de « charmante ». Mais sa gentillesse, justement, son effroyable bonne conscience, le regard qu'elle portait sur « Madame-Une telle-qui-aurait-mieux-fait-de-rester-avec-son-mari » ou sur « Le-petit-Un tel-qui-n'est-pas-fait-pour-les-études-mais-réussirait-si-bien-dans-le-commerce... » lui paraissaient insupportables. Prisonnière depuis toujours de son petit milieu, la mère de Philippe croyait tout connaître de la vie. Elle tenait pour admis qu'elle détenait l'art de séduire un fiancé comme celui de réussir une mayonnaise, de garder un époux fidèle et d'élever ses enfants ; l'art, enfin, de bien vieillir : sans alcool ni tabac, sans excès d'aucune sorte, bref, sans passion, en passant toujours à côté de l'essentiel, avec le même sourire bienveillant.

Son beau-père l'attendait seul à la descente du train. En le voyant sur le quai sans Philippe et les enfants, elle s'inquiéta.

— Philippe n'est pas là ?

— Il est désolé. Mais il devait absolument prendre sa leçon de golf : nous jouons ensemble demain la « Coupe des familles » et le professeur ne disposait plus que de cette demi-heure.

— Une compétition de golf ?

— Oui. Il ne vous l'a pas dit ? Il a décidé de s'y remettre sérieusement. Mais comme vous voilà belle et bronzée ! Cela me fait vraiment plaisir de vous voir ainsi. Vous êtes comme moi : le travail vous réussit. Philippe nous a dit que vous vous débrouillez très bien dans votre nouveau job à la télévision. Cela doit être passionnant. Vous allez nous raconter, j'espère...

Anne se dérida. Elle s'était toujours sentie de connivence avec cet infatigable petit homme vêtu de tweed. Son beau-père lui faisait une cour charmante. Bien qu'il laissât rarement paraître l'agacement que lui causait son épouse (sauf quand celle-ci, jetant un regard consterné sur le whisky qu'il venait de se servir, l'interrompait d'un douloureux : « Pierre ! »), elle se plaisait à imaginer qu'il avait dû avoir quelques aventures.

— Je vous trouve en pleine forme aussi, père, lui dit-elle comme il s'emparait de son sac de voyage. Vous avez une mine superbe. Et vous avez minci !

— Ce sont mes dix-huit trous par jour ! plaisanta-t-il. Il faut maintenir la cadence, n'est-ce pas, si l'on ne veut pas se faire ridiculiser par les jeunes. A propos, je suis très content de votre Frédéric. Vous savez qu'il a fait beaucoup de progrès en crawl. (Il vit un voile de tristesse troubler le regard d'Anne.) Il voulait venir vous chercher. Mais sa grand-mère a tenu à le plonger dans un bain chaud. Il remonte toujours grelottant de la plage.

— Elle a eu raison, dit Anne avec un sourire reconnaissant. Et Pascaline ?

— Ah, Pascaline mène sa vie... Je n'arrive plus à m'y retrouver, entre tous ses petits copains qui téléphonent. C'est une jeune fille très lancée, maintenant. La star d'Étretat. Mais elle reste tout de même une petite fille qui a besoin de sa maman. Elle vous attend avec impatience. Nous vous attendions tous avec impatience.

Avant de monter au golf, il l'emmena chercher des crevettes commandées en son honneur. Ils croisèrent un ou deux habitués de connaissance. En la prenant affectueusement par le bras, il la présenta : « Vous connaissez ma belle-fille ? »

Au moment de remonter en voiture, il lui dit, sur le ton de la confidence :

— Vous savez, je trouve ça très bien ce que vous avez fait là, de vous lancer dans un nouveau métier. D'abord, cela vous réussit : vous avez l'air d'une jeune fille ! Et puis, il faut savoir prendre un peu de champ, de temps en temps, dans une vie de couple... (Il hésita.) Même si l'autre ne comprend pas tout de suite, on s'aperçoit plus tard... J'ai toujours regretté que Françoise (c'était le nom de la mère de Philippe) n'ait jamais rien voulu entreprendre de son côté.

Son beau-père s'arrêta dans un virage pour laisser passer une voiture. Elle eut l'impression qu'il cherchait à prolonger leur tête-à-tête. Elle non plus n'était pas pressée de quitter les ombrages de la route en lacet pour arriver au Club House où il faudrait faire des amabilités en guettant le retour du golfeur.

Mais Philippe les attendait. Il s'exerçait au « putting » sur le « green » d'entraînement d'où l'on pouvait surveiller l'arrivée des voitures. Penché sur sa balle, il affecta cependant de ne pas les avoir vus et ne se redressa, d'un air satisfait et faussement surpris, que lorsqu'il eut rentré un long « put ».

— Tu as fait bon voyage ? demanda-t-il en embrassant Anne. Pas trop long ? Tu as bonne mine, en tout cas.

— Toi aussi. Et te voilà équipé de pied en cap ! Tu m'avais caché cette nouvelle passion !

Il portait un pantalon de toile écossaise qu'elle ne lui connaissait pas, avec une ceinture ornée de cannes de golf et un tee-shirt imprimé de golfeurs. « La parfaite panoplie », songea-t-elle.

— Oui, répondit-il sans paraître remarquer son ironie. Cette fois, vraiment, je suis tout à fait converti. Au point que je me demande si je ne vais pas laisser tomber le tennis. Il faut dire que nous avons la chance d'avoir ici un excellent professeur. Je suis sûr qu'il te plaira.

— Ça m'étonnerait, laissa-t-elle échapper, surprise elle-même de la vivacité de sa réplique.

— Allez, interrompit M. Lemonnier. Je vous offre un verre ? Ensuite, nous redescendrons. Je ne voudrais pas faire attendre votre maman pour le dîner.

Perché sur la barrière blanche en compagnie de son cousin Sébastien, Frédéric les accueillit comme autrefois, avec des cris de Sioux.

— Frédéric, gronda Philippe. Je t'avais pourtant dit de ne plus grimper sur cette barrière tant qu'elle ne serait pas réparée. Tu es beaucoup trop lourd maintenant. Alors, si vous vous y mettez à deux !

Mais déjà, Frédéric ouvrait la portière de la voiture.

— Maman, maman chérie. Que tu es belle !

— Mon Frédéric, mon petit, mon grand, bafouillait-elle en attirant vers elle son cou musclé, un cou d'homme qui résistait un peu. Comme tu as grandi ! Comme tu es costaud ! Raconte-moi : tu es champion de planche à voile ? Et Pascaline ?

Il minauda.

— Mademoiselle est sortie avec ses petits amis. C'est l'heure de sa promenade sur le bord de mer.

Le visage d'Anne s'assombrit. Secrètement, elle attendait beaucoup de ces retrouvailles avec sa fille.

Ce fut sa belle-mère qui l'accueillit sur le seuil de la maison de silex et de brique.

— Ah, ma petite fille. Cela fait plaisir de vous voir enfin. Vous nous avez manqué.

Elle tint à l'accompagner elle-même jusqu'à l'habituelle chambre mansardée du deuxième étage, d'où l'on apercevait la mer entre les arbres et les toits. Anne s'empressa d'admirer les rideaux tout neufs.

— Je suis contente qu'ils vous plaisent, dit la belle-mère, visiblement satisfaite. Les autres étaient vraiment passés. Tout passe tellement, ici, avec l'air de la mer. Malheureusement, je n'ai pas pu retrouver la même toile de jute. (Elle soupira. Elle semblait attendre quelque chose tandis qu'Anne, plantée devant le rideau du cabinet de toilette, attendait qu'elle la laissât seule pour se laver les mains.) Comment trouvez-vous Philippe ? demanda-t-elle enfin.

— Très bien. Il a l'air ravi de s'être remis au golf.

Mme Lemonnier soupira à nouveau.

— Il est un peu bronzé maintenant, alors ça se voit moins. Mais il est très fatigué, vous savez. Quand il est arrivé, j'étais vraiment inquiète. Je l'avais rarement vu comme ça : plus aucun appétit. Même plus envie de jouer au tennis. Il a dormi, dormi... Vous ne pouvez pas savoir ! Heureusement,

Miquette a été très gentille. (Miquette était la mère de Sébastien.) Elle a pris très souvent Frédéric chez elle et elle s'est chargée de le conduire au tennis, ce qui a permis à Philippe de se reposer. Moi, je crois vraiment qu'il devrait se faire faire un « check-up ». J'ai essayé de lui en parler. Mais vous savez comment il est : il ne m'écoute pas. Vous qui avez de l'influence sur lui...

— J'aimerais bien, dit Anne d'un ton résigné en voyant sa belle-mère s'asseoir. Mais quand je lui ai demandé de descendre me rejoindre dans le Midi, il n'a rien voulu entendre. Pourtant, il a plusieurs semaines de vacances à rattraper. Cela lui aurait fait du bien. Il aurait pu se reposer chez nos amis Arrançay pendant que je travaillais, sans perdre le contact avec son patron. Il pouvait lui téléphoner trois fois par jour. Mais il craignait de manquer une réunion. En fait, il n'y a que ce Gomard qui ait de l'influence sur lui. (Voyant sa belle-mère prête à protester, elle prit les devants.) Enfin, c'est un mauvais cap à franchir. La nationalisation, le changement d'équipe, la restructuration... cela fait beaucoup. L'essentiel, c'est que Philippe en sorte renforcé. Je crois que Gomard l'apprécie beaucoup. J'ai bon espoir que l'an prochain les choses se détendent.

— Oui, soupira Mme Lemonnier. Je crois qu'il a souffert aussi de se sentir un peu seul dans cette période difficile. Il est comme moi vous savez, ma petite fille : il ne le montre pas. Mais ça ne veut pas dire qu'il n'ait pas besoin d'être soutenu, au contraire. Enfin, je suis contente que vous soyez là. Vous lui avez manqué.

Anne se retint de répliquer — à quoi bon blesser sa belle-mère ? Elle n'était pas malveillante. Son visage hâlé qu'un ensemble de jersey blanc mettait en valeur exprimait même une sincère bonne volonté. Mais sous son regard — gris comme celui de son fils —, Anne avait toujours eu l'impression de ne pas exister. Elle n'existait en fait, pour Mme Lemonnier, que dans la mesure où elle contribuait à la bonne santé et à l'équilibre de son fils.

Philippe entra.

— Vous voilà en train de papoter ? Et papa qui vous attend avec sa bouteille de champagne !

Sa mère se leva précipitamment.

— Je descends, je descends.

Dès qu'elle eut quitté la chambre, Anne s'approcha du lavabo. Philippe la rejoignit, se colla contre son dos, lui posa les mains sur les seins et l'embrassa près de l'oreille.

— Je te trouve très en beauté.

Elle se raidit insensiblement, en se brossant les ongles avec application.

— Tu ne crois pas que je devrais me changer pour le dîner ? demanda-t-elle sans se retourner. Mettre une robe ? Pour tes parents ?

— Non, reste comme ça. Ça te va très bien, ce jean étroit. C'est nouveau ?

— Oui, là-bas, pour travailler, tout le monde ne portait que ça. Tu as vu que c'était très « copains » comme ambiance...

Il ne l'écoutait pas.

— Ah, tu ne sais pas ? J'ai reçu une lettre de l'agent immobilier de Gordes, annonça-t-il. Il nous propose deux terrains très bien situés, avec vue imprenable. Si tu veux, nous pourrions y aller dès la deuxième quinzaine d'août.

Elle s'essuya les mains soigneusement et se retourna vers lui. Philippe paraissait sincère. Vraiment, ne soupçonnait-il rien ? Aucun changement profond en elle ? Après avoir tant redouté ses questions, elle aurait dû se réjouir de le voir si préoccupé de golf et de terrains à vendre. Un tel aveuglement la consternait.

— Je croyais que tu ne voulais pas descendre dans le Midi en été, remarqua-t-elle finement, mais moi, cela m'irait très bien. Justement il est question que je fasse un autre enregistrement dans la région avec Claude, le 18 août. Comme ça, je serai déjà sur place.

— Le 18 août ? Encore ? Mais alors, qui s'occupera des enfants ? Tu oublies que je dois être impérativement à Paris le 8...

Frédéric les interrompit. Il venait les chercher. « Papy » et « Mamy » les attendaient.

— Maman, dit-il, je t'adore comme ça, en jean. Tu es toute jeune. Tu es très jolie. Hein, papa ?

— Oui, dit Philippe qui s'était assis sur le lit. (Il tendit la main à l'enfant.) Allons, aide ton vieux père fatigué à se lever.

A neuf heures et demie, Pascaline n'était toujours pas rentrée. Lorsqu'il eut débouché sa bouteille de Moët et rempli six coupes lentement, cérémonieusement, comme il aimait à le faire, M. Lemonnier en tendit une à Anne en lui souhaitant : « beaucoup de succès dans votre nouvelle carrière » et se tourna vers Frédéric.

— Qu'est-ce que fait ta sœur ? Tu ne veux pas aller la chercher ? Elle est sûrement sur le bord de mer. Elle n'aura pas vu l'heure, une fois de plus.

— Non, non, fit Anne. Je suis désolée. Cela m'ennuie pour votre dîner, mère. Mais je ne voudrais pas que mon retour signifie pour elle une brimade. Laissons-la, si elle s'amuse. Mettons-nous à table sans elle. Cela la fera venir.

Frédéric filait déjà.

— Et Sébastien ? demanda Anne. Il est reparti ?

Mme Lemonnier vérifia d'un coup d'œil que Frédéric se trouvait à bonne distance.

— Il est rentré dîner avec ses parents, dit-elle enfin, du ton de celle qui aurait dévoilé un lourd secret. Son père est là pour le week-end. Vous savez qu'il part pour Taiwan ? Il vient d'être nommé là-bas pour trois ans. Responsable de la prospection pour tout le Sud-Est asiatique. Une très brillante promotion. Il part à la fin de l'été.

— Taiwan ? s'exclama Anne. Ce doit être passionnant. Mais vivre là-bas trois ans...

— Oui, n'est-ce pas ? (La voix de Mme Lemonnier se fit plus grave et confidentielle.) Mais Miquette ne veut pas le suivre. Moi, je ne la comprends pas. Avec la situation que lui fait Alain... elle est bien contente de profiter de tous les avantages : la vie facile, la maison de vacances, les voyages...

— Pour les enfants, objecta timidement Anne, cela doit tout de même poser des problèmes : Taiwan n'est pas Washington. Je ne suis pas sûre qu'il y ait un lycée français.

— Les enfants, de toute façon : Sophie est pensionnaire aux Oiseaux, quant à Sébastien, cela lui ferait le plus grand bien d'être pensionnaire aussi, trancha Mme Lemonnier. Il ne fait rien. Il a été collé à l'entrée en seconde. Sa mère le gâte beaucoup trop. Elle ne se rend pas compte du tout des difficultés de la vie. Elle a été tellement gâtée. Mais le pauvre Alain, tout seul...

— Allons, dit Philippe. Il va bien se trouver quelques charmantes geishas. Ne t'inquiète pas pour lui. Il sera peut-être même beaucoup plus heureux à Taiwan qu'ici. Il paraît que là-bas, les femmes sont aux petits soins pour les hommes. Elles attendent leur retour du bureau. Dès qu'ils arrivent, elles leur tendent un kimono frais repassé et leur font un petit massage. Le rêve, quoi !

Surtout si l'on a la chance d'être un « manager ». Là-bas, la hiérarchie, c'est très important.

— Tu crois ? dit Mme Lemonnier avec un soupir lourd d'arrière-pensées.

Il y eut un silence. Philippe se leva pour resservir du champagne.

— Non, merci, dit Anne en plaçant sa main en couvercle sur sa coupe.

Mais son geste avait été trop vif, Philippe lui renversa de la mousse sur les doigts.

— Fais donc attention, lâcha-t-il, agacé.

— Si nous allions faire un sort à ces chères petites crevettes ? proposa M. Lemonnier. Je ne sais pas comment vous êtes, mais moi je suis affamé.

Pascaline arriva au moment où l'on découpait le rôti de bœuf. Elle portait un ample pull-over d'homme sur un jean collant et cette tenue de garçon manqué accentuait encore sa provocante féminité. Anne se demanda avec un mélange d'admiration et de gêne si sa fille aurait séduit Bruno. Sûrement.

— Ah, mais... maman est là ? lança-t-elle avec un air de sincère étonnement. (Elle vint embrasser sa mère.) Quelle mine tu as, veinarde ! Drôlement bronzée, dis donc ! Et tu portes un jean à la mode, maintenant ? Je t'adore comme ça, ma petite maman !

Anne rit.

— Et toi, tu es toute rose. Un vrai teint anglais. Ça te va très bien.

Voyant sur la desserte le plat rempli d'une montagne de carapaces de crevettes, Pascaline abrégea les embrassades.

— Vous auriez pu m'en laisser ! fit-elle, dépitée.

— Pascaline, tu ne crois pas que tu exagères ? coupa M. Lemonnier. Mademoiselle disparaît dans la nature. Elle fait attendre tout le monde. Et après cela, elle s'étonne de ne pas nous trouver tous en train de lui éplucher ses crevettes ! « Mes crevettes, mes crevettes ! » Tiens, tu as bien de la chance : je t'en ai gardé un grand bol de côté parce que c'est fête, ce soir, pour le retour de ta maman. Mais tu pourrais quand même nous dire bonsoir ! Tu n'as même pas embrassé mamie !

Radoucie, Pascaline s'exécuta de bonne grâce et prit place à la gauche de son grand-père.

— Alors, maman ? lança-t-elle. C'était comment, la Corse ? Est-ce que tu es allée à Bonifacio ? J'ai un copain qui en revient. Il a fait le tour de l'île en bateau, il paraît que c'est super. Tu as fait du bateau ?

— Non, dit Anne. Enfin, oui. (Elle se souvint d'avoir annoncé à Philippe qu'elle embarquait pour trois jours et se reprit en rougissant.) Mais je veux dire, pas le tour de l'île. Je n'ai pas vu Bonifacio. Il paraît que c'est extraordinaire, en effet. Ça me tente beaucoup pour l'année prochaine. Mais nous nous sommes ancrés dans le golfe de Porto. Le coucher de soleil sur les rochers rouges, tu n'imagines pas...

— Ça doit être très romantique, dit Mme Lemonnier. C'est un de mes regrets, de n'avoir pas connu cela.

— Sur quel bateau étais-tu ? interrompit Frédéric, impatient. Un grand bateau ?

— Oh, non, pas un yacht ! Un huit-mètres — ou un douze-mètres, je ne sais plus. On y tenait à sept, mais serrés. Nous étions quatre filles dans une cabine, tu vois...

— Un douze-mètres ? Génial ! Tu nous emmènes, la prochaine fois ?

Anne interrogea Philippe des yeux. Il coupait sa viande avec application.

— Ça, c'est à voir avec votre père, dit-elle. Moi, je ne demande pas mieux. Mais il faudrait louer un bateau.

Les regards convergèrent sur Philippe. Il sourit enfin.

— Oui, dit-il. Ce serait une idée. Mais je préférerais louer un plus gros bateau à deux ou trois. Gomard l'a fait l'été dernier pour longer la côte turque. Il en est revenu emballé.

Mme Lemonnier renchérit : des amis à elle rentraient enchantés d'une croisière en Grèce. Anne se tut. Elle pensait à la photo où l'on voyait Bruno, tout jeune, hisser un foc. Qu'il était beau, sur cette photo. Elle avait ressenti, en la regardant, la même impression de puissance et de grâce que lorsqu'il courait vers elle sur la plage des Sanguinaires.

Un bateau, seule avec lui. Ce ne serait pas une vraie croisière qu'ils feraient, mais plutôt une promenade, de petits ports en criques désertes. Ils prendraient tout le temps de s'imprégner des paysages, des couleurs, des lumières et des odeurs. Ils pourraient rester pendant des heures à regarder la mer sans parler. Tandis qu'une croisière en groupe sur un gros bateau, deux ou trois couples avec leurs enfants... Il faudrait organiser le programme des journées, visiter toutes sortes de sites touristiques, participer à des jeux, à des parties de pêche... « Tout m'est contrainte », songea-t-elle avec effarement.

17

Toute la soirée, elle avait esperé téléphoner à Bruno en se glissant dans la chambre de sa belle-mère ou en revenant dans le salon comme une voleuse quand ils seraient tous montés se coucher. Fol espoir. Tôt levée, elle s'apprêtait donc à sortir sous le prétexte de s'acheter des sandales en plastique pour marcher sur les galets quand Frédéric, lâchant le bol de café au lait qu'il prenait dans la cuisine, se précipita pour la rattraper dans le jardin.

— Maman, maman, où vas-tu ? Je viens avec toi !

Elle l'embrassa.

— Je vais au marché. Si tu m'accompagnes, je t'offre un petit pain aux raisins.

Ils en raffolaient tous les deux et leur jeu était de repérer, partout où ils allaient, les meilleures boulangeries. A Bougival, ils les avaient toutes testées. Parfois, en revenant de l'école, Frédéric rapportait à sa mère un de ces désirables coquillages de brioche dorée, moelleux comme elle les aimait. Elle le grondait : « Tu vas encore me faire grossir ! »

Ils achetèrent leur petit pain à la boulangerie habituelle près de l'église et, tout en le déroulant selon le rituel établi, convinrent d'un commun accord que la qualité baissait et qualifièrent le petit pain d' « étouffe-chrétien ». Il leur faudrait reprendre leur quête.

Après être passés chez la marchande de poissons, ils entrèrent dans une boutique pour essayer des sandales et des pulls marins. Insensiblement, ils se rapprochaient de la plage, où elle savait pouvoir trouver deux ou trois cabines téléphoniques. Soudain, elle regarda sa montre :

— Ah, fit-elle. J'avais oublié. Je devais impérativement rappeler la télévision avant onze heures. Tu m'attends une minute ?

Elle courut jusqu'à l'une des cabines aux vitres blanchies de sel et chercha vainement à en fermer la porte grinçante. Frédéric, cependant, était trop absorbé dans l'examen d'une vieille traction Citroën garée sur le parking pour l'entendre. Très vite, et sans quitter l'enfant des yeux, elle composa le numéro de Tavella. La sonnerie retentit, interminablement. Frédéric se retourna. Prise en faute, Anne raccrocha. Fausse alerte. Frédéric se dirigeait vers un bazar. Elle refit le numéro. Cette fois, Bruno lui répondit aussitôt.

— Je savais que c'était toi, dit-il. J'avais peur que tu ne rappelles pas. Je taillais les hortensias.

— Tu me manques, souffla-t-elle en se retournant pour vérifier que Frédéric était toujours occupé à choisir des cartes postales.

— Moi aussi. Tu as beau temps ? Tu as retrouvé tes enfants en bonne forme ?

— Oui. Il fait beau. Tout le monde va bien. Tout le monde est charmant. Mais je m'ennuie. Tout me pèse. Tout m'est contrainte.

— Reviens !

Elle resta silencieuse.

Il insista.

— Tu as réfléchi à notre projet de nous retrouver à Aix ?

— Oui. J'en ai même déjà parlé ici. J'espère beaucoup. Mais je te rappellerai. Je suis obligée de te quitter. Je t'embrasse.

Frédéric était planté devant la cabine.

— Ben dis donc, maman, qu'est-ce que tu es longue au téléphone !

— J'ai eu du mal à l'avoir, s'excusa-t-elle. Le numéro qu'elle m'avait donné...

Elle s'interrompit. Pourquoi et de quoi lui fallait-il se justifier ? N'avait-elle pas le droit de donner un coup de téléphone ?

— Tu as trouvé ce que tu voulais ? s'enquit-elle un peu sèchement. Moi, je rentre. Ton père m'attend pour monter au golf.

Elle fut ce jour-là une bonne épouse et une bonne mère. Elle accompagna Philippe à sa leçon de golf. Puis ils déjeunèrent au club avec les deux enfants. Après déjeuner, elle suivit son mari sur le parcours pendant neuf trous, applaudissant à ses jolis coups et manifestant sa déception quand il ratait une balle. En milieu d'après-midi, elle le quitta pour rentrer préparer le dîner. Ses parents sortaient ce soir et Philippe en avait profité pour inviter deux couples d'amis. En repassant par le bord de mer pour prendre le poisson et le dessert qu'elle avait commandés le matin, Anne mesura à quel point ce dîner l'ennuyait. Les amis de Philippe étaient sympathiques, plutôt gais... Mais elle n'avait rien à leur dire. On parlerait de golf, de voyages, d'hôtels et de restaurants, du divorce d'amis communs, peut-être. Et d'avance, elle se sentait étrangère à ces conversations. La seule qu'elle eût aimé revoir, c'était Miquette, la mère de Sébastien. Pourquoi Philippe n'avait-il pas pensé à l'inviter, avec ou sans son mari ? Il n'aimait pas ce qui dérangeait. Pour son confort, tout devait toujours être lisse comme elle avait su l'être pendant des années. Aussitôt rentrée, elle appellerait Miquette.

Le spectacle qui l'attendait dans le salon lui fit d'abord oublier cette résolution. Les coussins du canapé — les jolis coussins de tapisserie auxquels sa belle-mère tenait tant — étaient dispersés sur la moquette, que jonchaient des cendriers débordant de mégots. Sur la table basse et le guéridon en marqueterie traînaient des bouteilles de coca-cola et de bière, ainsi que des verres, qui laissaient des cernes sur le bois verni.

« Elle aurait pu au moins poser les verres sur un plateau, bougonna-t-elle, je le lui répète à chaque fois. »

Elle ramassa deux coussins. Ranger les verres, vider les cendriers, passer le guéridon au papier de verre très fin puis le cirer pour que sa belle-mère ne s'aperçoive de rien... tout cela ne prendrait pas moins d'une heure. Mais où était-il écrit que cette tâche lui incombait ? « Elle me prend vraiment pour sa bonne », enragea-t-elle.

Un paquet de cigarettes avait été oublié sur la table basse. Des Camel comme en fumait Bruno. Elle en alluma une et, à travers la fumée, se mit à regarder la vie d'un autre œil. A quoi bon s'énerver ? Et pourquoi vouloir à tout prix que tout soit prêt — la table mise, le plateau d'apéritif disposé avec ses verres et ses amuse-gueules — quand les invités arriveraient ? Si elle était encore à ses fourneaux, ils viendraient boire l'apéritif à la cuisine. Ou bien on irait au bistro et ce serait peut-être beaucoup plus gai.

Restait Pascaline. La punir ? Elle se sentait aussi lasse de jouer les gardes-chiourme que les soubrettes efficaces et discrètes. Elle décida de faire comme si elle n'avait rien vu. Un si bel après-midi !

Trop beau pour s'énerver et rester enfermée à ranger un salon. Elle appela Miquette.

— Je me demandais si je pourrais passer t'embrasser.

Miquette parut ravie.

— Viens tout de suite. Alain n'est pas rentré du tennis, nous serons tranquilles pour bavarder. Ne tarde pas trop. J'ai encore le soleil devant la maison.

Anne referma sans bruit la porte du salon et traversa le jardin d'un pas allègre. Miquette, elle le pressentait rien qu'au son de sa voix, était la première personne à qui elle pourrait confier : « Je suis amoureuse. »

Elle trouva son amie en short maculé de peinture, occupée à repeindre en rose deux fauteuils en rotin sur une bâche étalée sur la pelouse. La vue de ses cheveux, devenus presque blancs, la saisit. Que s'était-il passé ? Et pourquoi Miquette ne les faisait-elle pas teindre ? Contrairement à ce qu'on aurait pu croire, pourtant, ces cheveux blancs coupés court lui donnaient une allure plus libre, un brin excentrique.

— Tu regardes mes cheveux, lui dit tout de suite Miquette, sans gêne aucune. Ça m'est venu l'hiver dernier avec la maladie de maman. A la fin, je l'ai prise à la maison. Ça a duré trois mois. Elle avait perdu tous ses cheveux à cause de la chimiothérapie. Et moi, de la voir comme ça s'amenuiser de jour en jour, et d'être tellement impuissante...

Anne se souvint brusquement que la mère de Miquette était morte à l'automne.

— Je suis désolée, s'excusa-t-elle. Elle doit te manquer beaucoup. Je sais que vous étiez très proches.

— Oui, dit Miquette. Depuis quelques années,

nous l'étions devenues. Petite fille, je la trouvais si froide, si fermée. C'est seulement à la fin, peu avant sa maladie, que je l'ai découverte... C'est si souvent comme cela, dans la vie... (Elle changea de ton.) Qu'est-ce que je t'offre ? Thé de Chine fumé ou thé à la mûre sauvage ?

Elles entrèrent dans la cuisine où la bouilloire chantait sur le coin du feu.

— Ça te va bien, tu sais, dit Anne en regardant ses cheveux blancs et remarquant les petites rides en étoile autour de ses yeux. Je n'aurais pas cru, mais cela ne te vieillit pas du tout. Au contraire. Cela met en valeur tes yeux bleus.

— Ah ? Tu trouves aussi ? dit Miquette en versant l'eau dans la théière. Moi, je les aurais fait teindre. Mais Jean me préfère comme ça.

— Jean ?

— Comment ? dit Miquette en riant de sa gêne. Tu ne sais pas ? Je pensais que tout le monde t'aurais mise au courant.

Elle empoigna gaiement son plateau de rotin chargé de tasses fleuries et elles allèrent s'installer dans le jardin. Avec ses colombages et ses « mixed-borders » à l'anglaise, la maison des Maresquier avait un charme incomparable. Son naturel, faussement improvisé d'ailleurs, tranchait sur le style bien léché, à la française, de la maison des Lemonnier, avec ses plates-bandes symétriques.

Miquette servit le thé.

— Jean est l'homme que j'aime, dit-elle très simplement. Je l'ai rencontré à Méribel à Noël. Il est moniteur de ski et kinésithérapeute. Je souffrais beaucoup de mon dos, la nuque surtout. J'étais allée le voir pour des massages...

— Et... et il est devenu...

Miquette la regardait en souriant.

— Oui, dit-elle, mon amant. C'est un homme

merveilleux. Très solide, moralement et physiquement. Très protecteur. Et en même temps très sensible. Il a tout de suite senti ce qui n'allait pas. Il faut dire que je sortais d'une sale période. A la fin, Alain en avait tellement assez de la maladie de maman qu'il ne vivait pratiquement plus à la maison.

Elle se tut. Anne se désolait de n'avoir pas deviné sa solitude. Un kinésithérapeute. Moniteur, en plus... Il devait s'envoyer toutes les clientes de passage.

— Mais... fit-elle. Méribel, dis-moi, ce n'est pas la porte à côté. Comment faites-vous ?

— Nous nous téléphonons tous les jours. En mai, il prend un mois de vacances. Il est venu à Paris et nous sommes partis une semaine en Sicile. Maintenant, il est à Antibes. L'été, il y dirige une école de natation. J'y ai passé une semaine en juin et j'espère pouvoir repartir quinze jours quand Sébastien sera en Angleterre.

— Mais Alain ? Il ne dit rien ?

Une ombre passa sur le visage de Miquette.

— Alain ne le prend pas très bien. Sa vanité masculine est blessée. Quant au reste... Il m'a tellement trompée pendant quinze ans ! J'ai tout supporté. Mais ce que je ne lui ai pas pardonné, c'est de m'avoir laissée si seule quand maman a été malade. Là, il a vraiment cassé quelque chose.

Anne n'en revenait pas. Alain Maresquier coureur de jupons. Lui qui semblait, comme Philippe, uniquement préoccupé de sa carrière et de sa forme sportive ! Et Miquette, l'intellectuelle, l'amateur de Sarraute et de Duras, amoureuse d'un maître baigneur ? Comment pouvait-on se tromper autant sur des gens avec qui l'on passait ses vacances depuis quinze ans ?

— Alors ? s'enquit-elle timidement. Vous allez

divorcer ? J'ai appris que ton mari partait pour Taiwan...

— Je ne sais pas, dit Miquette. J'aurais voulu attendre que Sébastien soit grand. Mais je me demande si l'on n'a pas tort de raisonner comme cela. Les enfants sont plus heureux dans une situation nette. D'ailleurs, Sébastien s'entend très bien avec Jean. Jean lui a fait faire des progrès formidables en ski... (Elle s'interrompit.) Raconte-moi ton nouveau « job » à la télévision. Frédéric nous en a beaucoup parlé. Ce doit être passionnant ?

— Oh, tu sais... fit Anne.

Elle raconta ses nuits dans le car vidéo, décrivit l'univers de la télévision et de la musique.

— Rien à voir avec les gens qu'on rencontre au golf, conclut-elle avec un petit rire.

Miquette la regarda et, sur le ton d'un constat :

— Tu n'aimes plus Philippe.

Anne sursauta.

— Pourquoi me dis-tu ça ?

— Ta façon de parler de son golf, ton air... L'été dernier, déjà, cela m'avait frappée. Tu es absente. Tu aimes quelqu'un d'autre ?

— Oui, souffla-t-elle.

Avant même qu'elle eût rencontré Bruno, d'autres — une autre, au moins — savaient donc qu'elle « couvait » quelque chose ? Cette découverte la bouleversait.

A son retour, elle trouva Pascaline en train de regarder la télévision avec un copain qu'elle crut reconnaître. Le salon était toujours dans le même état.

— Je te signale, lança-t-elle à sa fille en traversant la pièce sans même dire bonjour au garçon, que ton père a invité des amis ce soir. Moi, je ne prépare pas un dîner au milieu de ce désordre. Alors tu ranges et tu nettoies tout ça. Et quand ce sera fait, tu viens me prévenir. (Elle regarda sa montre.) Il est presque sept heures. Si rien n'est prêt à temps, tu te débrouilleras avec ton père.

Sans attendre de réponse, elle monta dans sa chambre. L'instant d'avant, en quittant Miquette, elle chantonnait, joyeuse. Un vif sentiment d'échec l'assaillait maintenant. Sa vie avec Philippe, celle de Miquette avec Alain... Elle se souvint de cette phrase de Marguerite Yourcenar, un jour à la télévision : « Au fond, je me demande si toute vie n'est pas un échec. »

Elle s'accouda à la fenêtre. Un après-midi comme celui-là, on n'en voyait qu'un ou deux par an à Étretat. A l'horizon, sur la mer émeraude, filaient deux voiles blanches. La brise lui apportait, par bouffées, un parfum de chèvrefeuille. Tout à l'heure, Philippe rentrerait de sa partie de golf avec un bon coup de soleil. « Avoue, dirait-il, que la Normandie, quand il fait beau, c'est unique... Cet air que l'on respire sur les falaises ! Et cette vue ! Même en Corse, tu n'as rien vu d'aussi beau... »

— C'est vrai, acquiescerait-elle.

La musique lui manquait. De son voyage éclair à Paris, Bruno lui avait rapporté un petit magnétophone avec deux mini-haut-parleurs bleu vif. « Comme ça, lui avait-il dit, tu penseras à moi en travaillant. » Elle sortit l'appareil du sac de voyage où elle le gardait caché, glissa une cassette de l'*Arpeggione* et retourna s'accouder à la fenêtre en fredonnant doucement. « La, si-do-la... » Plus elle l'écoutait, plus elle aimait cette nouvelle interprétation. Tant de respect pour le violoncelle chez Martha Argerich, la plus passionnée des pianistes. Tant de retenue chez Mischa Maisky, le violoncelliste...

On gratta à la porte. C'était Pascaline.

— Voilà, maman. Il est parti. Ne t'inquiète pas, je vais ranger.

Elle s'arrêta au milieu de la chambre.

— C'est beau, ce que tu écoutes là.

Anne ne bougea pas. Sa fille s'approcha d'elle et lui toucha le bras.

— Maman ? Tu n'es pas triste ?

Anne continuait à regarder la mer.

— Non, pourquoi ?

— Tu as l'air triste. Cette musique est triste, aussi. Qu'est-ce que c'est ?

Anne consentit enfin à tourner la tête.

— C'est une sonate pour violoncelle de Schubert que je jouais quand j'avais ton âge. C'était ma préférée. Elle s'appelle l'*Arpeggione.*

— L'*Arpeggione ?*

— Oui, c'est un instrument d'autrefois. Une sorte de guitare, de viole d'amour qui a existé au XIXe siècle. Il n'a pas eu une longue vie. C'est un des enfants mort-nés de l'histoire des instruments...

Elle se tut. Le piano et le violoncelle commençaient leur duo amoureux.

— Ah, fit Pascaline. Maintenant, c'est plus gai.

— Oui, dit Anne. Ça voudrait être gai. Mais ça n'y arrive jamais vraiment. (Elle accompagna le violoncelle de la voix.) Voilà le violoncelle qui pleure. Oh, très doucement. C'est ce que j'aime dans cette sonate : sa pudeur, sa retenue, son mystère. Et puis, cette douleur que l'on devine : ne pas pouvoir aller au bout de quelque chose. Ah, comme ça voudrait aimer !

Appuyée contre son épaule, Pascaline regardait la mer. Anne lui caressa doucement les cheveux, comme autrefois.

— Maman, dit Pascaline. Tu te souviens de

Vincent, que tu as vu dans le salon avec moi quand tu es arrivée. Il venait déjà l'année dernière.

— Oui, dit Anne. Il est amoureux de toi ? Et toi ?

— C'est drôle, maman. Il a toutes les qualités. Il est intelligent, plutôt beau. Il s'intéresse à mille choses. Il ne sait pas quoi faire pour me faire plaisir. Et pourtant, je m'ennuie avec lui. Je n'arrive pas à comprendre. Je ne sais pas comment lui dire. Mais il le sent bien. Tout à l'heure, quand il est parti, tu sais ce qu'il m'a dit ? « Tu es indifférente. »

Anne la serra contre elle.

— Non, ma chérie, tu n'es pas indifférente. Simplement, ce n'est pas l'heure. Il faut attendre. Tu verras.

Le violoncelle se tut. Pascaline se détacha de sa mère pour rembobiner la cassette.

— Ce n'est pas Mikalovitch ? s'étonna-t-elle en regardant la boîte. Ce n'est pas lui, le plus grand ?

Anne sourit. Comme cela, avec sa cassette entre les mains et son air recueilli, sa fille ressemblait à la première communiante de l'album de photos.

— Cela dépend, dit-elle. Dans l'*Arpeggione,* je préfère Maisky. Mikalovitch met plus de vibrato. Il est plus « extérieur ». Maisky m'émeut davantage.

Pascaline leva les yeux.

— C'est beau, ce que tu dis, maman. Quand j'étais petite, un jour, je me souviens, tu avais joué pour nous. J'aimerais tellement t'entendre rejouer du violoncelle. Ce serait merveilleux. Pourquoi l'as-tu abandonné ?

Anne sourit. Des larmes perlaient au bord de ses yeux.

— Bon, dit-elle d'un ton enjoué. On va ranger ce salon ?

18

L'avion avait décollé depuis vingt bonnes minutes quand elle lut enfin le gros titre du *France-Soir* étalé sur ses genoux : « Incendie criminel en Corse, quarante mille hectares de forêt ravagés. »

Sa respiration, qui venait à peine de retrouver un rythme normal après sa course haletante à travers le hall de l'aérogare, s'affola de nouveau. Obsédée par la vision d'une moto transformée en torche, elle s'obligea pourtant à lire l'article : l'incendie datait d'hier matin. Or elle avait appelé Bruno vers dix-sept heures...

La voix de Bruno, si proche. Son souffle, ses cheveux... Après dix jours d'hibernation, son corps se réveillait avec une délicieuse violence. Elle n'en pouvait plus de cet absurde éloignement. Être séparée de lui c'était être privée d'air et d'eau. Elle se desséchait. Seule, pourtant, Miquette l'avait remarqué. Philippe, lui, s'agaçait seulement de la trouver si peu concernée par ses projets et sa nouvelle passion pour le golf. Sous des apparences conformistes, quelle nervosité l'habitait. Et quels instincts mauvais... Tout à l'heure en la conduisant à Orly, Philippe avait foncé sur la file de gauche de l'autoroute, harcelant de coups de klaxon et d'appels de phares tous ceux qui ne se rangeaient pas assez vite à son gré. Une malheureuse conductrice, coincée par un camion sur sa droite, n'avait pu se rabattre. Plus elle accélérait et plus la puissante BMW de Philippe la talonnait. Cet odieux manège dura bien deux kilomètres.

— Mais enfin ! criait Anne. Tu vois bien qu'elle ne peut pas te laisser le passage. Tu vois bien qu'il y a deux enfants à l'arrière : si elle est obligée de freiner...

Philippe n'entendait pas. Les yeux rivés sur la petite voiture, son visage prenait une inquiétante fixité. « Un tueur », se dit-elle, horrifiée. Voilà l'homme avec lequel je vis depuis dix-huit ans.

Le quitter ? Mais les enfants...

Le lendemain du thé chez Miquette, en rentrant de la plage, Frédéric avait demandé à sa grand-mère de lui prêter ses albums. Il adorait revoir ses photos de bébé et exigeait de sa mère qu'elle les lui commentât en racontant toujours les mêmes anecdotes qu'il connaissait par cœur. Il était tombé en arrêt devant une série de clichés pris à Pâques trois ans auparavant. On les voyait tous les quatre autour du panier plein d'œufs multicolores : Philippe, si sérieux. Pascaline, blottie contre son père, l'air boudeur, avec sa drôle de frimousse encore toute ronde sous sa frange ; et elle, Anne, épanouie, attendrie, retenant par le bras un Frédéric impatient d'aller chercher d'autres œufs sous les tulipes.

— Dis, maman, avait-il lâché, on restera toujours tous les quatre comme ça, hein ? On se séparera pas ?

— Qu'est-ce que tu racontes, mon poussin ? (Elle retrouvait d'instinct le « mon poussin » d'autrefois.) Tu vois bien que nous sommes ensemble. Même si tu n'as qu'une idée : échapper à tes parents.

— Je ne sais pas... il y a tellement de parents qui divorcent.

Anne s'était tue.

— C'est parce qu'ils ne pensent pas à leurs enfants, avait tranché Mme Lemonnier, qui suivait toute la conversation en faisant mine de lire une revue. Ce sont des parents égoïstes, qui n'aiment pas leurs enfants comme ton papa et ta maman.

Les remarques déplacées de sa belle-mère la faisaient sourire. Mais le souvenir de la photo de famille, symbole d'une réussite, d'un bonheur achevé auxquels elle avait cru, la poursuivait tandis que le « dis, maman, on se séparera pas ? » de Frédéric lui résonnait à l'oreille. Anne tira de son portefeuille une photo de son fils : il paraissait tellement heureux, sur sa planche à voile ! Cela la rassura : Frédéric n'était pas un enfant inquiet.

Elle regarda sa montre. D'habitude, elle aimait l'avion : ce moment suspendu, hors du temps, où tous ses nerfs se relâchaient. L'approche de l'atterrissage, au contraire, lui nouait l'estomac. Quand tous les passagers tordaient le cou pour regarder la terre approcher, elle se repliait sur elle-même. Terre ! Il faudrait bientôt renoncer à cet état bienheureux de paquet transporté, abandonné au destin. Terre ! Il faudrait se recomposer un personnage, affronter des inconnus, faire l'effort d'être aimable... Retrouver, aussi, tant de tracas trop connus. Mais ce soir, comme elle aurait voulu hâter l'atterrissage ! Prisonnière de son siège trop étroit, elle ne supportait plus cette longue immobilité sur une masse de nuages blancs. En vain cherchait-elle à discerner la côte par-dessus l'épaule de son voisin endormi. Pourquoi fallait-il une heure quinze pour descendre de Paris à Marseille ?

Pour tuer le temps, elle décida de se remettre au travail. Trente minutes de gagnées dans l'avion, ce serait trente minutes de plus pour profiter de Bruno. Elle ouvrit sa sacoche, en sortit la partition et comprit aussitôt qu'elle ne parviendrait pas à fixer son attention. Dix-huit heures cinquante. Brusquement, le temps immobile prenait une folle accélération. Il lui restait à peine quelques minutes pour aller se recoiffer. D'un air dégagé, elle se faufila jusqu'aux toilettes et s'aspergea vivement d'eau froide les bras, le cou et le visage. C'est ainsi qu'elle désirait arriver devant lui : les cils, les yeux et les lèvres brillants de rosée. Mais serait-il à l'aéroport ? Au téléphone, il lui avait dit : « Surtout, ne t'inquiète pas. Si tu ne me vois pas, c'est que j'aurai dû rester dîner avec l'équipe. Je te rejoindrai au Noailles. » Mais peut-être désirait-il lui faire la surprise ?

— Nous amorçons notre descente vers Marseille, annonça l'hôtesse. Tous les passagers sont priés de regagner leur place. La température extérieure est de trente-quatre degrés.

Pour regagner son siège, il lui fallait parcourir une vingtaine de mètres. Vingt mètres sous les regards intéressés des passagers masculins. Un examen redoutable. Habituellement, elle prenait le parti de le soutenir en s'avançant la tête bien droite, le visage fermé. Mais elle croisa volontairement les regards, en concentrant dans ses yeux toute la force dont elle se sentait capable pour leur intimer l'ordre de rester attachés à leur siège et de la laisser sortir la première. Quand elle se rassit, très droite, prête à bondir, son voisin, que son léger nuage de parfum semblait avoir réveillé, la considéra avec un mélange d'étonnement et d'amusement sous ses lunettes d'écaille. Il se redressa. Son avant-bras duveteux sous la manche de chemise retroussée lui effleura le bras. Elle frissonna, les nerfs à fleur de peau.

— C'est un Guerlain, n'est-ce pas ? lui glissa-t-il.

— Bravo, vous avez gagné, répliqua-t-elle, notant les cheveux poivre et sel plantés drus, la bouche sensuelle, le menton volontaire et la carrure trapue sous la chemise chiffrée.

Elle avait toujours eu un préjugé favorable à l'égard des hommes qui connaissaient un peu les parfums. Mais pas au point de le laisser croire qu'il pourrait lui faire perdre cinq précieuses minutes à l'arrivée. Lui offrant un profil résolu, elle fixa le steward. Déjà, ses épaules se portaient en avant, ses mollets se préparaient à amortir le choc de l'atterrissage, comme elle avait appris à amortir, à moto, le choc des bosses et des trous.

— Il est dix-neuf heures quinze, dit l'hôtesse. Nous venons d'atterrir à Marseille-Marignane.

Anne déboucla sa ceinture. Un dernier coup de peigne. Allons, allons-y maintenant. Bousculant deux jeunes filles qui n'en finissaient pas de dégager leur sac, elle salua les deux hôtesses et fonça.

Brusquement, à la sortie du sas, son énergie l'abandonna : Bruno ne serait pas là. Cependant, le flot des passagers la poussait. Il fallait avancer, prendre le tapis roulant. Elle se vit jouer une scène de film. Dans quel film, déjà, avait-elle vu cela ? Sur fond de « symphonie concertante » un jeune homme et une femme d'âge mûr se croisaient sur des tapis roulants. Le garçon sautait par-dessus la rampe, la main ouverte, et tous deux s'étreignaient longuement tandis que les violons jouaient crescendo. Mais le tapis d'en face était en panne. Bruno devait l'attendre au bas des marches. Juste avant l'escalier fatidique, elle s'engouffra dans les toilettes. Encore un peu d'eau fraîche sur le visage la soulagerait. On sentait contre les vitres la pression de la chaleur, fatigante pour les yeux. Les routes devaient être poussiéreuses, éblouissantes. Pourvu que Bruno n'ait pas roulé trop vite. Pourvu qu'il ait eu la sagesse de renoncer à prendre sa moto et de l'attendre à Aix.

Le hall de l'aérogare était vide. Comme dissous par la chaleur, les passagers s'étaient mystérieusement évanouis. Anne jeta un coup d'œil au kiosque à journaux. S'il avait su combien elle s'inquiéterait de le savoir sur sa moto par ce soleil, Bruno serait arrivé en avance. Car enfin, combien de kilomètres lui fallait-il parcourir ? Bonnieux, où il tournait son film, ne se trouvait pas si loin. Avant de partir, elle avait regardé sur la carte : une heure et demie de trajet au plus.

Une voix connue la fit se retourner. A l'un des comptoirs de location de voitures, son voisin de cabine — le connaisseur en parfums — retirait ses clés des mains d'une hôtesse blond platine vêtue de vermillon. Il fit un pas vers elle.

— Vous êtes motorisée, mademoiselle ? Je vais à Aix. Si jamais je peux vous déposer...

Elle hésita.

— Non merci. J'attends quelqu'un.

Le plus sage était de retourner au pied de l'escalier. Si Bruno montait l'accueillir à l'arrivée de l'avion, il passerait forcément par là.

Elle alla s'y poster, sa mallette de motard à la main.

Au bout d'un moment, elle finit par la poser et fut même tentée de s'asseoir dessus. Que faisait-elle ici, seule, dans cette aérogare inhospitalière, cette ridicule mallette de motard toute neuve à ses pieds ? Avec son habitude de noter les choses sur des bouts de papier qu'il fourrait dans la poche de sa chemise, Bruno se serait trompé d'horaire. Mais pourquoi l'avoir fait venir ce soir ? L'envie la prit de sauter dans le prochain avion pour Paris et de redescendre demain soir avec son équipe de télévision, voilà tout. Elle se dirigea vers le tableau des départs pour consulter les horaires, puis se ravisa. Où avait-elle la tête ? Se payer un billet aller et retour Marseille-Paris par simple dépit ? Et pour quoi faire ? Pour passer une nuit avec Philippe alors qu'elle appréhendait chaque soir le moment où il commencerait à explorer son corps ? Reposé par ses vacances — ou animé par une sorte d'instinct de possession —, il se montrait, depuis son retour de Corse, plus entreprenant. Les premiers soirs, elle avait feint le sommeil puis, par crainte d'éveiller sa méfiance et pour se débarrasser plus vite de ce qu'elle ne pouvait éviter, elle s'était résignée à répondre à ses avances, surprise d'ailleurs — et humiliée — de ressentir du plaisir dans ses bras. Apprivoisé par Bruno, son corps s'ouvrait-il désormais sans amour ? Cette interrogation la troublait beaucoup. Pourtant, Bruno était le seul à susciter cet élan de tout son être. Pourquoi douter de lui ? Elle l'imaginait exaspéré par le retard du car Marignane-Aix et tenté d'aller à sa rencontre. Il fallait lui laisser un message au Noailles.

Elle entra dans la cabine téléphonique, sortit posément de sa bourse deux pièces de monnaie qu'elle posa sur l'appareil et composa le numéro du restaurant-bar le plus proche de la gare routière. La ligne était occupée. Peut-être Bruno essayait-il de son côté de l'appeler ? Du comptoir de location de voitures où personne ne faisait plus la queue, l'hôtesse, qui l'observait, lui fit un signe de connivence. Elle lui tourna le dos pour appeler Philippe à son bureau. Elle voulait entendre sa voix, vérifier qu'elle le reconnaissait encore, effacer le souvenir de cette scène si pénible, de ce visage d'assassin sur l'autoroute. Mais son mari ne répondait pas. Une sorte de fatalité pesait sur leurs relations : quand il lui arrivait d'avoir un élan vers lui, il l'ignorait. Et quand il l'appelait, il la dérangeait.

A côté du kiosque à journaux se trouvait une boutique d'articles de sport. Elle compara des sacs de voyage, dérangea une pile de pull-overs, puis laissa tout tomber : il ne lui restait que sept minutes avant le départ du car pour Aix.

La cabine téléphonique, cependant, l'attirait irrésistiblement. Elle serait tellement détendue si elle trouvait un message de Bruno. Machinalement, elle tâta sa poche, puis ouvrit son sac, et le fouilla fébrilement : sa bourse en argent ! Elle se précipita dans la cabine, passa la main sur le dessus du taxiphone : la bourse ne s'y trouvait plus. Dans sa hâte, elle avait dû l'oublier et quelqu'un l'avait trouvée. Sa jolie bourse en mailles d'argent offerte par Philippe lors de leur voyage de noces en Grèce. Dix-huit ans. Quand ils avaient fêté leur anniversaire de mariage, quelques jours plus tôt à la Coquille Normande comme d'habitude, Philippe lui avait demandé : « Tu as toujours ta petite bourse ? Tu te rappelles le vieux bijoutier, avec sa balance ? Et la taverne, au pied de l'Acropole ? » « Mais oui, pourquoi me demandes-tu ça ? », s'était-elle étonnée. Étrange pressentiment. Bêtement, elle passa de nouveau la main sur l'appareil vert métallique puis s'accroupit, dans l'espoir que la bourse eût glissé par terre. Et c'est là que la vague la cueillit, la souleva et la fit retomber secouée de grands hoquets, tandis que des larmes chaudes lui ravageaient le visage. Tout en reniflant désespérément, elle se redressa, se moucha et se tamponna les yeux. Mais chacun de ses efforts dérisoires pour enrayer le cataclysme ne faisait que provoquer un nouveau déchirement, plus violent que le précédent. Combien de temps resta-t-elle ainsi, le front appuyé contre le taxiphone pendant que, dans son dos, l'hôtesse en vermillon devait se demander s'il fallait lui venir en aide... Elle s'en moquait. Elle ne voyait que l'échec de son mariage, de sa vie. Avec la bourse du voyage de noces s'envolaient ses rêves de jeune fille et de jeune épousée. S'il existait des gens doués pour le bonheur, elle n'en faisait pas partie. Elle avait échoué avec Philippe, elle échouerait avec Bruno. Avec quelle coupable inconscience elle s'engageait sur ce chemin qui ne la mènerait à rien, sauf à rendre ses enfants malheureux.

Quand elle parvint enfin à sortir de la cabine pour descendre aux toilettes, elle se sentait pourtant, du fond de son grand chagrin, régénérée comme la terre après une violente averse d'été. Puisqu'elle avait manqué le car, elle prendrait un taxi. Au Noailles, elle retrouverait Bruno. Ou bien il l'attendrait à l'hôtel où il savait que la télévision réservait des chambres. Tout s'expliquerait, tout redeviendrait simple entre eux et son affolement passager lui paraîtrait un enfantillage. Ils iraient dîner sur le cours Mirabeau. Bruno lui ferait boire du vin rosé. Elle l'écouterait commenter le défilé de la faune aixoise et lui raconterait, sur le ton de la plaisanterie, ses angoisses — sauf peut-être cette crise de larmes, inexplicable et inavouable.

Enfin dehors. Elle eut l'impression d'avoir ouvert la porte d'un four à deux cents degrés. Sa peau, asséchée par les larmes et l'eau froide, la tirait aux pommettes.

Le chauffeur du taxi, dont elle ouvrit la portière d'autorité, lui jeta un coup d'œil intrigué dans son rétroviseur. Il avait dû remarquer ses yeux rougis et gonflés.

— Aix ? grogna-t-il. Vous n'êtes pas arrivée, je vous préviens, ma petite dame. Il y a un incendie et toute la circulation est détournée. Alors c'est comme vous voulez, mais je ne peux pas vous garantir le temps qu'on mettra.

Il guetta sa réaction dans son rétroviseur.

Elle lui sourit : la route coupée ! Tout s'expliquait. Que n'était-elle sortie plus tôt de cette maudite aérogare ?

— De toute façon, dit-elle d'une voix qui sonnait bien, je n'ai pas le choix. Alors allons-y.

— Bon, fit-il. Vous avez peut-être raison. Si vous me faites confiance, je vais vous faire passer par une petite route. (Il lui jeta un clin d'œil complice.) Remarquez bien que moi, avec vous, j'irais jusqu'au bout du monde. Vous êtes sûre que c'est à Aix que vous voulez aller ?

Elle rit, heureuse, abandonnée à la chaleur qui l'enveloppait comme dans un sauna et faisait sourdre entre ses seins un filet de sueur tiède.

Le ciel était tout blanc, d'un blanc presque aussi insoutenable que les rochers. Au-dessus de la route indiquée « Les Miles-Aix » elle vit descendre un Canadair, puis deux. Une longue cohorte de voitures s'étirait derrière un camion-citerne. Quelques-uns tentaient de faire demi-tour, puis renonçaient.

— Regardez-moi ces moutons, dit le chauffeur.

Il obliqua à gauche, vers une zone industrielle. De là, le regard embrassait le paysage impressionnant de l'étang de Fos et des réservoirs à pétrole. Si l'incendie gagnait... Mais Anne ne pensait plus au feu. Elle n'avait plus peur de rien. Comme elle aurait voulu prendre le volant et faire bondir la Mercedes !

Le taxi s'engagea enfin dans une voie indiquée « Aix-Ouest ». Bientôt, il arriva devant la gare routière et déboucha sur une grande place avec une fontaine.

— Vous m'avez bien dit le Noailles ? demanda-t-il en ralentissant. (Il se retourna.) Nous y voici.

Prise de court, Anne ouvrit fébrilement son sac. Elle n'avait même pas eu le temps de vérifier l'état de ses paupières et de se poudrer le nez. Elle chercha des yeux la terrasse aux sièges de rotin et aux parasols de toile jaune. Où était donc le Noailles ?

— Devant vous, devant vous, dit le chauffeur.

Un peu en retrait du trottoir, abritées du regard par une haie taillée, quelques tables et chaises de jardin en fer forgé blanc signalaient en effet la présence discrète d'un bar-restaurant. Au-dessus de la grille, Anne lut : RESTAURANT CAFÉ LE NOAILLES. Elle s'était trompée : c'est à l'Amadeus qu'elle avait pris un verre un soir avec Philippe. Elle reconnaissait maintenant, de l'autre côté de la place, en bas du majestueux cours Mirabeau, entre ses deux rangées de platanes, sa terrasse animée.

— Eh bien ? Je vous croyais pressée ? s'étonna le chauffeur, moqueur. Remarquez que moi, hein, je ne vous oblige pas à descendre. Si vous voulez continuer, je suis votre homme.

Elle rit, cette fois sans joie, et régla sa course. L'angoisse recommençait à lui nouer l'estomac.

Sur le trottoir, elle resta un instant en suspens, sa mallette à ses pieds. Son jean lui collait aux cuisses. Le soleil était couché mais la chaleur ne lâchait pas prise. Le vent de l'après-midi retombé, elle paraissait même plus accablante. Enfin, Anne franchit la grille. D'un pas d'automate, elle traversa le jardinet, où quelques dîneurs âgés et bien mis conversaient à mi-voix sous des réverbères. Un maître d'hôtel s'avança vers elle avec une déférence qui la surprit, tant elle se sentait mal à l'aise.

— Vous désirez dîner, mademoiselle ?

— J'ai un rendez-vous, murmura-t-elle. On a dû

vous laisser un message pour moi : Anne Villesange.

Le maître d'hôtel la conduisit à la réception. Non, la réceptionniste, une dame corpulente et fort aimable, n'avait pas reçu d'appel. Mais elle le transmettrait, bien sûr, aussitôt.

— J'ai peur qu'il y ait un malentendu, s'excusa Anne. Auriez-vous la gentillesse, si jamais on m'appelle, de dire que je suis à l'Amadeus ? Je vous remercie beaucoup. Je vous remercie infiniment...

Elle était pressée de quitter cet endroit. Bruno avait dû comprendre comme elle, au premier coup d'œil, qu'il ne leur conviendrait pas.

De l'autre côté de la place, l'attiraient les taches jaunes et rouges de l'Amadeus et du Rossini. Là-bas, la chaleur devait être supportable, les chaises confortables, l'atmosphère, enjouée. Là-bas, la souffrance qu'elle devinait aux aguets s'étourdirait de bruit et de mouvement. Elle aurait aimé pleurer encore un coup avant d'entrer en scène. Mais le mécanisme se bloquait de nouveau. Plus tard, une fois désaltérée, il lui faudrait tout de même s'expliquer cette crise de larmes. L'énervement de Philippe sur l'autoroute ? En fait, dès que son mari l'avait vue avec sa mallette neuve, son visage s'était fermé.

— Eh bien, lui avait-il dit, te voilà équipée comme un vrai garçon de courses.

Un souterrain lugubre et puant menait de l'autre côté du boulevard. Elle le traversa en courant. Parvenue à hauteur de l'Amadeus, elle fit quelques pas de long en large en scrutant la terrasse d'un œil très attentif. Bruno n'était pas là. Elle risqua tout de même une incursion entre les tables et aperçut Pierre-Antoine de Mézières. Seul devant un gin-fizz, les paupières mi-closes, il affectait l'indifférence de l'homme qui attend une femme. Elle eut un mouvement de recul : lui expliquer sa mallette et son rendez-vous manqué en jouant la comédie de la désinvolture, elle ne s'en sentait pas le courage. Elle tourna les talons et, sans se retourner, repartit vers le Noailles. A l'entrée du passage souterrain, elle vit une cabine téléphonique libre. Elle tâta machinalement sa poche et la douleur la mordit : sa petite bourse d'argent ! En même temps qu'elle essayait de se raisonner, une voix lui murmurait qu'elle se trompait sur Bruno. S'il l'avait vraiment aimée, il aurait senti combien il était important pour elle, aujourd'hui tout particulièrement, d'être attendue. Il aurait franchi des incendies... Non, Bruno ne l'aimait pas. Pas plus que Philippe, qui n'attendait d'elle qu'un certain confort. Et pas plus que Pierre-Antoine, qui ne faisait que poursuivre à travers elle une certaine idée de la femme. Elle éprouva le besoin physique d'entendre la voix de ses enfants. Mais si sa belle-mère répondait ?

La pénombre du jardin du Noailles lui parut apaisante. Elle s'installa à la table la plus proche de l'entrée pour être sûre de voir et d'être vue et commanda un coca-cola « avec de la glace, du rhum et une rondelle de citron ». Le garçon lui sourit d'un air de connivence discrète. Deux minutes plus tard, il revint avec un plateau et déposa devant elle, avec des gestes précis, le coca embué, un petit seau à glace, un grand verre avec une longue cuillère en plastique, une soucoupe de chips et une autre de grosses olives vertes. Ce rituel avait quelque chose de réconfortant. Elle but d'un trait la moitié de son verre, poussa un grand soupir pour se persuader qu'elle allait mieux et commença à grignoter les chips croustillantes et salées comme elle les aimait.

Doucement, le soir tombait. Autour de la fontaine, la circulation toujours dense ralentissait. De temps à autre, une voiture rasait le trottoir en passant et Anne scrutait les visages à l'intérieur.

Un motard, enfin, apparut. Il fit lentement le tour de la place, comme s'il cherchait quelqu'un. Il portait un blouson blanc, comme son casque. « Parsifal », se dit-elle, attendrie. Elle aurait voulu feindre de ne pas l'avoir vu et faire durer encore quelques secondes cette attente délicieuse. Mais elle ne pouvait détacher les yeux de la silhouette du chevalier blanc dont la moto s'incurvait maintenant au niveau de l'Amadeus. Il s'arrêta et mit pied à terre en laissant le moteur ronronner. Anne allait crier : « Bruno ! par ici ! » lorsque le chevalier enleva son casque, faisant apparaître en pleine lumière une chevelure blond décoloré. Ce fut un choc : Bruno, elle en était sûre maintenant, avait eu un accident. Elle crut entendre le bruit atroce du dérapage des roues sur le macadam — ce bruit auquel elle n'avait jamais réussi à s'habituer dans les virages — puis le fracas énorme d'un camion et le hurlement des sirènes d'ambulance. Déjà, elle imaginait un visage méconnaissable sous un drap. Comment survivre à un tel déchirement ? Elle ne pouvait plus imaginer la vie sans leurs coups de téléphone quotidiens, sans sa tendresse, son désir, son rire aussi. Rire ! Depuis son retour de Corse, elle n'avait pas ri...

Non. Depuis un récent accident, Bruno ne prenait plus de risques. Il s'était mis en retard, tout simplement, sachant bien qu'elle l'attendrait... A l'inquiétude succéda la colère. Un mufle, voilà ce qu'il devenait depuis qu'il se sentait assuré d'elle. Comme Philippe. Il ne devait même pas imaginer qu'après une semblable attente elle serait incapable de faire l'amour. Il se figurerait qu'il lui suffirait de paraître...

Il faisait nuit. Des couples s'arrêtaient devant la grille pour examiner la carte et la dévisageaient avec une curiosité placide. Impavide, elle suçait ses noyaux d'olive. Dans son dos, l'orchestre rétro — qui lui rappelait celui de Los Angeles où Philippe l'avait emmenée lors d'une « convention » de l'industrie électronique — jouait *Tea For Two*. Bientôt, il enchaînerait sur *Vous qui passez sans me voir*. Anne recracha sa dernière olive dans le cendrier plein de noyaux lisses. Il ne lui restait plus qu'à s'en aller.

Elle se retourna vers la lumière rose qui enveloppait l'orchestre. Il eût fallu se lever, prendre sa mallette et marcher d'un pas assuré vers le maître d'hôtel sous les regards des convives. Elle ne le pouvait pas. Ce monde derrière elle, ce monde bien léché, satisfait de ses comptes en banque, de ses foies gras en gelée et de ses refrains rétros avait été le sien. Il ne l'était plus. De l'autre côté du boulevard, on devinait la tache lumineuse de l'Amadeus. Là-bas, scandée par le rythme des tam-tams, une autre vie l'appelait : sa nouvelle vie, celle des musiciens, des metteurs en scène et des chanteurs, celle des copains de la télévision et des motards. On la reconnaîtrait. On demanderait un siège pour elle à une table voisine. Quelqu'un lui apporterait un verre de punch. Des gens qu'elle ne connaissait pas la tutoieraient. Forcée d'être gaie, elle finirait peut-être par l'être.

A moins d'aller tout de suite à l'hôtel. Dormir, dormir et demain, tout irait mieux. Les ombres géantes des platanes seraient dissipées. Bruno serait là. Elle rirait d'avoir eu peur de le perdre. Mais d'abord passer à la gendarmerie. Au prix d'un effort inouï, elle s'arracha à son inconfortable fauteuil de fer forgé. A ce moment, l'orchestre dans son dos se mit à jouer *Vous qui passez sans me voir*.

Précautionneusement, en essayant de faire le moins de bruit possible sur les graviers, elle sortit du jardin. Pour gagner la station de taxis en bas du cours Mirabeau, elle devait passer devant l'Amadeus. Tout en restant dans l'obscurité, elle inspecta la terrasse.

Tout de suite, elle le vit. Attablé avec deux hommes d'âge mûr et une jeune femme brune, à moins de quatre mètres d'elle, Bruno dînait tranquillement d'un gros steak. Renversé dans son fauteuil de rotin, il discourait, apparemment très à l'aise et nullement inquiet, en picorant des frites. Le sang lui afflua aux joues. Sans réfléchir, elle accéléra le pas. Ses tempes battaient. Elle entendait sa respiration, courte et haletante. Au bout de dix mètres, Anne s'arrêta pour reprendre son souffle et ses esprits. Elle aurait voulu partir sans lui donner signe de vie, dans l'espoir qu'il s'inquiéterait à son tour. Mais comment attendre plus longtemps pour lui dire ce qu'elle avait sur le cœur ? Elle s'assit sur un banc pour se remettre du rouge à lèvres et vérifier sa coiffure. Traverserait-elle la terrasse de l'Amadeus le nez en l'air ? Ou bien marcherait-elle droit sur lui avec un sourire ? Surtout, ne lui faire aucun reproche devant ses amis. Ne pas dire qu'elle l'attendait depuis deux bonnes heures. Ironiser, plutôt : « Ah, ces artistes ! » Non, jouer plus naturel : « J'ai une de ces faims ! » Le salaud, qui se tapait une pièce de bœuf pendant qu'elle, follement inquiète, rongeait des noyaux d'olives !

Elle se leva. Au bord de la frontière lumineuse, elle hésita encore : se forcer à faire des amabilités à ces inconnus, devoir attendre une heure de plus, peut-être deux, avant de s'expliquer avec Bruno...

Elle allait s'éloigner quand il l'appela.

— Anne ! (Bruno s'était levé et venait vers elle.)

Anne ma chérie. Tu ne m'avais pas vu ? J'étais inquiet. Je n'ai pas pu aller t'accueillir à l'avion de dix-neuf heures. Au bout d'une heure, ne te voyant pas, je suis allé à l'arrivée de celui de vingt et une heures. Mais tu n'y étais pas. Par quel moyen es-tu venue ?

Sans lui laisser le temps de répondre, il l'embrassait, la conduisait à sa table, la présentait à ses amis.

— Tu as dîné ? Je te commande quelque chose ?

— Non merci. J'ai mangé tellement d'amuse-gueules en t'attendant que cela m'a coupé l'appétit.

Il eut l'air sidéré.

— En m'attendant ? Mais moi je t'attendais ici ! C'est bien ici que nous avions rendez-vous ?

— Non, dit-elle. Mais l'essentiel est que nous finissions par nous retrouver. Nous n'allons pas embêter tes amis avec ces détails.

Elle eut un sourire engageant pour l'homme chauve qui lui offrait un verre de vin.

— C'est vous qui avez produit *Cosi fan tutte,* n'est-ce pas ? C'est le meilleur film d'opéra que j'aie vu.

Bruno insista.

— Tu ne veux pas au moins une salade ? Une glace ? Nous en étions au choix des desserts.

Elle aurait dû savourer ce doux triomphe. Pourtant, l'empressement de Bruno la gênait. Elle lui trouvait une voix changée.

— Non merci, dit-elle en se levant. (Elle se tourna vers ses amis.) Ne m'en veuillez pas, mais demain je me lève tôt. Je crois que je vais aller me coucher. Je vous reverrai bientôt, j'espère ?

Elle leur serra la main. Bruno l'accompagna jusqu'à l'entrée de la terrasse et la retint.

— Qu'y a-t-il ? Tu me caches quelque chose.

— Non, je t'assure, je suis seulement très fatiguée.

— Alors, je t'appelle demain matin ? demanda-t-il, en la scrutant avec inquiétude. Tu es sûre que tu ne veux pas m'attendre une heure ?

— Non, dit-elle avec un sourire las. Dors bien.

Elle l'embrassa et disparut dans le flot nonchalant d'une foule hétéroclite où se mêlaient couples de mélomanes en tenue de soirée, vacanciers en short et « punks » à bracelets cloutés et casque de cheveux jaunes et rouges. Elle s'abandonnait malgré elle à cette danse de la nuit aixoise quand une voix douce lui fit tourner la tête.

— Bonsoir. Vous ne me reconnaissez pas ?

C'était Gilles Le Coz, le metteur en scène mozartien.

— C'est gentil d'être revenue. Mais où allez-vous donc comme ça avec votre petite valise ?

D'autorité, il la lui prit des mains. Tout en lui racontant une histoire de rendez-vous manqué avec son équipe de télévision, elle l'observait à la lumière des cafés et s'étonnait de lui trouver du charme. Parvenus en haut du cours Mirabeau, ils entrèrent tout naturellement à la brasserie des Deux-Pigeons.

— Justement, dit-il en tirant une table, je parlais de vous ce matin au théâtre. Je me demandais ce que vous étiez devenue. Vous apparaissez comme cela, un beau jour, puis vous disparaissez... et vous reparaissez en pleine nuit avec une petite valise. Comme vous êtes mystérieuse ! J'espère au moins que vous n'avez pas dîné ?

Elle rit.

— Non, avoua-t-elle. Mon avion a eu beaucoup de retard. J'ai une de ces faims !

Littérature

extrait du catalogue

Cette collection est d'abord marquée par sa diversité : classiques, grands romans contemporains ou même des livres d'auteurs réputés plus difficiles, comme Borges, Soupault, Goes. En fait, c'est tout le roman qui est proposé ici, Henri Troyat, Bernard Clavel, Guy des Cars, Alain Robbe-Grillet, mais aussi des écrivains tels que Moravia, Colleen McCullough ou Konsalik.

Les classiques tels que Stendhal, Maupassant, Flaubert, Zola, Balzac, etc. sont publiés en texte intégral au prix le plus bas de toute l'édition. Chaque volume est complété par un cahier photos illustrant la biographie de l'auteur.

ADAMS Richard	***Les garennes de Watership Down*** *2078* ★★★★★★
ADLER Philippe	***C'est peut-être ça l'amour*** *2284* ★★★
AMADOU Jean	***Heureux les convaincus*** *2110* ★★★
ANDREWS Virginia C.	*Fleurs captives :*
	- Fleurs captives *1165* ★★★★
	- Pétales au vent *1237* ★★★★
	- Bouquet d'épines *1350* ★★★★
	- Les racines du passé *1818* ★★★★
	Ma douce Audrina *1578* ★★★★
APOLLINAIRE Guillaume	***Les onze mille verges*** *704* ★
	Les exploits d'un jeune don Juan *875* ★
AUEL Jean-M.	***Les chasseurs de mammouths*** *2213* ★★★★★ *& 2214* ★★★★★
AVRIL Nicole	***Monsieur de Lyon*** *1049* ★★★
	La disgrâce *1344* ★★★
	Jeanne *1879* ★★★
	L'été de la Saint-Valentin *2038* ★★
	La première alliance *2168* ★★★
BACH Richard	***Jonathan Livingston le goéland*** *1562* ★ *illustré*
	Illusions *2111* ★★
	Un pont sur l'infini *2270* ★★★★
BALTASSAT Jean-Daniel	***La falaise*** *2345* ★★
BALZAC Honoré de	***Le père Goriot*** *1988* ★★
BARBER Noël	***Tanamera*** *1804* ★★★★ *& 1805* ★★★★
BATS Joël	***Gardien de ma vie*** *2238* ★★★ *illustré*
BAUDELAIRE Charles	***Les Fleurs du mal*** *1939* ★★
BEAULIEU PRESLEY Priscillia	***Elvis et moi*** *2157* ★★★★ *illustré*

BENZONI Juliette	*Marianne* 601 ★★★★ & 602 ★★★★
	Un aussi long chemin 1872 ★★★★
	Le Gerfaut :
	- Le Gerfaut 2206 ★★★★★★
	- Un collier pour le diable 2207 ★★★★★★
	- Le trésor 2208 ★★★★★
	- Haute-Savane 2209 ★★★★★
BLOND Georges	*Moi, Laffite, dernier roi des flibustiers* 2096 ★★★★
BOLT Robert	*Mission* 2092 ★★★
BOMSEL M.-C. & QUERCY A.	*Pas si bêtes* 2331 ★★★ illustré
BORGES & BIOY CASARES	*Nouveaux contes de Bustos Domecq* 1908 ★★★
BOVE Emmanuel	*Mes amis* 1973 ★★★
BOYD William	*La croix et la bannière* 2139 ★★★★
BRADFORD Sarah	*Grace* 2002 ★★★★
BREILLAT Catherine	*Police* 2021 ★★★
BRISKIN Jacqueline	*La croisée des destins* 2146 ★★★★★★
BROCHIER Jean-Jacques	*Odette Genonceau* 1111 ★
	Villa Marguerite 1556 ★★
	Un cauchemar 2046 ★★
BURON Nicole de	*Vas-y maman* 1031 ★★
	Dix-jours-de-rêve 1481 ★★★
	Qui c'est, ce garçon ? 2043 ★★★
CALDWELL Erskine	*Le bâtard* 1757 ★★
CARS Guy des	*La brute* 47 ★★★
	Le château de la juive 97 ★★★★
	La tricheuse 125 ★★★
	L'impure 173 ★★★★
	La corruptrice 229 ★★★
	La demoiselle d'Opéra 246 ★★★
	Les filles de joie 265 ★★★
	La dame du cirque 295 ★★
	Cette étrange tendresse 303 ★★★
	La cathédrale de haine 322 ★★★
	L'officier sans nom 331 ★★
	Les sept femmes 347 ★★★★
	La maudite 361 ★★★
	L'habitude d'amour 376 ★★
	La révoltée 492 ★★★★
	Amour de ma vie 516 ★★★
	Le faussaire 548 ★★★★
	La vipère 615 ★★★★
	L'entremetteuse 639 ★★★★
	Une certaine dame 696 ★★★★

des CARS (suite)	**L'insolence de sa beauté** 736★★★
	L'amour s'en va-t-en guerre 765★★
	Le donneur 809★★
	J'ose 858★★
	De cape et de plume 926★★★ & 927★★★
	Le mage et le pendule 990★
	La justicière 1163★★
	La vie secrète de Dorothée Gindt 1236★★
	La femme qui en savait trop 1293★★
	Le château du clown 1357★★★★
	La femme sans frontières 1518★★★
	Le boulevard des illusions 1710★★★
	Les reines de cœur 1783★★★
	La coupable 1880★★★
	L'envoûteuse 2016★★★★★
	Le faiseur de morts 2063★★★
	La vengeresse 2253★★★
	Sang d'Afrique 2291★★★★★
CARS Jean des	**Sleeping story** 832★★★★
	Louis II de Bavière 1633★★★
	Elisabeth d'Autriche (Sissi) 1692★★★★
CASTELOT André	**Belles et tragiques amours de l'Histoire** 1956★★★★ & 1957★★★★
CASTRIES duc de	**Madame Récamier** 1835★★★★
CATO Nancy	**L'Australienne** 1969★★★★ & 1970★★★★
	Les étoiles du Pacifique 2183★★★★ & 2184★★★★
CESBRON Gilbert	**Chiens perdus sans collier** 6★★
	C'est Mozart qu'on assassine 379★★★
CHASTENET Geneviève	**Marie-Louise** 2024★★★★★
CHAVELET É. & DANNE J. de	**Avenue Foch** 1949★★★
CHOW CHING LIE	**Le palanquin des larmes** 859★★★
	Concerto du fleuve Jaune 1202★★★
CLANCIER Georges-Emmanuel	Le pain noir :
	1- Le pain noir 651★★★
	2- La fabrique du roi 652★★★
	3- Les drapeaux de la ville 653★★★★
	4- La dernière saison 654★★★★
CLAUDE Madame	**Le meilleur c'est l'autre** 2170★★★
CLAVEL Bernard	**Lettre à un képi blanc** 100★
	Le tonnerre de Dieu 290★
	Le voyage du père 300★
	L'Espagnol 309★★★★

DJIAN Philippe	***37°2 le matin*** 1951 ★★★★
	Bleu comme l'enfer 1971 ★★★★
	Zone érogène 2062 ★★★★
	Maudit manège 2167 ★★★★★
DORIN Françoise	***Les lits à une place*** 1369 ★★★★
	Les miroirs truqués 1519 ★★★★
	Les jupes-culottes 1893 ★★★★
DOS PASSOS John	***Les trois femmes de Jed Morris*** 1867 ★★★★
DUMAS Alexandre	***La dame de Monsoreau*** 1841 ★★★★★
	Le vicomte de Bragelonne 2298 ★★★★ & 2299 ★★★★
DUTOURD Jean	***Henri ou l'éducation nationale*** 1679 ★★★
DYE Dale A.	***Platoon*** 2201 ★★★
DZAGOYAN René	***Le système Aristote*** 1817 ★★★★
EGAN Robert & Louise	***La petite boutique des horreurs*** 2202 ★★★ illustré
EXBRAYAT Charles	***Le Château vert*** 2125 ★★★★
FEUILLÈRE Edwige	***Moi, la Clairon*** 1802 ★★
FLAUBERT Gustave	***Madame Bovary*** 103 ★★★
FRANCOS Ania	***Sauve-toi, Lola !*** 1678 ★★★★
FRISON-ROCHE	***La peau de bison*** 715 ★★
	La vallée sans hommes 775 ★★★
	Carnets sahariens 866 ★★★
	Premier de cordée 936 ★★★
	La grande crevasse 951 ★★★
	Retour à la montagne 960 ★★★
	La piste oubliée 1054 ★★★
	La Montagne aux Écritures 1064 ★★★
	Le rendez-vous d'Essendilène 1078 ★★★
	Le rapt 1181 ★★★★
	Djebel Amour 1225 ★★★★
	La dernière migration 1243 ★★★★
	Le versant du soleil 1451 ★★★★ & 1452 ★★★★
	Nahanni 1579 ★★★ illustré
	L'esclave de Dieu 2236 ★★★★★★
GALLO Max	*La baie des Anges :*
	1- La baie des Anges 860 ★★★★
	2- Le palais des Fêtes 861 ★★★★
	3- La promenade des Anglais 862 ★★★★
GEDGE Pauline	***La dame du Nil*** 1223 ★★★ & 1224 ★★★
	Les Enfants du Soleil 2182 ★★★★★
GERBER Alain	***Une rumeur d'éléphant*** 1948 ★★★★★
	Le plaisir des sens 2158 ★★★★
	Les heureux jours de Monsieur Ghichka 2252 ★★

GOES *Albrecht*	*Jusqu'à l'aube* 1940 ★★★
GRAY *Martin*	*Le livre de la vie* 839 ★★
	Les forces de la vie 840 ★★
	Le nouveau livre 1295 ★★★★
GRÉGOIRE *Ménie*	*Tournelune* 1654 ★★★
GROULT *Flora*	*Maxime ou la déchirure* 518 ★★
	Un seul ennui, les jours raccourcissent 897 ★★
	Ni tout à fait la même, ni tout à fait une autre 1174 ★★★
	Une vie n'est pas assez 1450 ★★★
	Mémoires de moi 1567 ★★
	Le passé infini 1801 ★★
	Le temps s'en va, madame... 2311 ★★
GUERDAN *René*	*François Ier* 1852 ★★★★★
GUIGNABODET *Liliane*	*Dessislava* 2265 ★★★★
GUIROUS *D.* & **GALAN** *N.*	*Si la Cococour m'était contée* 2296 ★★★★ illustré
GURGAND *Marguerite*	*Les demoiselles de Beaumoreau* 1282 ★★★
HALÉVY *Ludovic*	*L'abbé Constantin* 1928 ★★
HALEY *Alex*	*Racines* 968 ★★★★ & 969 ★★★★
HARDY *Françoise*	*Entre les lignes entre les signes* 2312 ★★★★★★
HAYDEN *Torey L.*	*L'enfant qui ne pleurait pas* 1606 ★★★
	Kevin le révolté 1711 ★★★★
HÉBRARD *Frédérique*	*Un mari c'est un mari* 823 ★★
	La Chambre de Goethe 1398 ★★★
	La Citoyenne 2003 ★★★
ISHERWOOD *Christopher*	*Adieu à Berlin (Cabaret)* 1213 ★★★
JAGGER *Brenda*	*Les chemins de Maison Haute* 1436 ★★★★ & 1437 ★★★★
	Retour à Maison Haute 2169 ★★★★★
JEAN-CHARLES	*La foire aux cancres* 1669 ★★
	Tous des cancres 1909 ★★
JONG *Erica*	*Le complexe d'Icare* 816 ★★★★
	La planche de salut 991 ★★★★
	Fanny Troussecottes-Jones 1358 ★★★★ & 1359 ★★★★
	Les parachutes d'Icare 2061 ★★★★★★
KAYE *M.M.*	*Pavillons lointains* 1307 ★★★★ & 1308 ★★★★
	L'ombre de la lune 2155 ★★★★ & 2156 ★★★★
KENEALLY *Thomas*	*La liste de Schindler* 2316 ★★★★★★
KIPLING *Rudyard*	*Le livre de la jungle* 2297 ★★
	Simples contes des collines 2333 ★★★
KOESTLER *Arthur*	*Spartacus* 1744 ★★★★

MARKSTEIN George	Tara Kane 2239 ******
MARSHALL G. William	La sixième saison 1910 ****
MARTINO Bernard	Le bébé est une personne 2128 ***
MATTHEE Dalene	Des cercles dans la forêt 2066 ****
MAUPASSANT Guy de	Une vie 1952 **
	L'ami Maupassant 2047 **
	Le Horla et autres contes 2187 **
MAURE Huguette	La cinquantaine au masculin 1745 ***
	Vous avez dit l'amour ? 2267 ***
MELNIK Josef	Passeur d'enfants 2228 ***
MENDELSSOHN Peter de	Marianne de ma jeunesse 2020 **
MERMAZ Louis	Madame de Maintenon 1785 **
	Un amour de Baudelaire 1932 **
MERRIEN Jean	Christophe Colomb 2197 *****
MESSNER Reinhold	Défi - Deux hommes, un 8 000 1839 **** illustré
MODIANO P. & LE-TAN P.	Poupée blonde 1788 *** illustré
MONSIGNY Jacqueline	Michigan Mélodie (Un mariage à la carte) 1289 **
	L'amour dingue 1833 ***
	Le palais du désert 1885 **
	Le roi sans couronne 2332 ******
MONTLAUR Pierre	Nitocris 2154 ****
MORAVIA Alberto	La chose 2171 ***
	L'homme qui regarde 2254 ***
MORRIS Edita	Les fleurs d'Hiroshima 141 *
MYRER Anton	Les derniers jours de l'été 1073 **** & 1074 ****
NASTASE Ilie	Tie-break 2097 ****
	Le filet 2251 ***
NELL DUBUS Elizabeth	Beau-Chêne 2346 ******
ORIOL Laurence	Thérèse Humbert 1838 **
OWENS Martin	Le secret de mon succès 2216 ***
PARTURIER Françoise	Calamité, mon amour 1012 ****
	Les Hauts de Ramatuelle 1706 ***
PECK Richard	Amanda-Miranda 1248 *** & 1249 ***
PERRIN Elula	Les femmes préfèrent les femmes 1874 ***
PEYREFITTE Roger	Les amitiés particulières 17 ****
	La mort d'une mère 2113 **
PIRANDELLO Luigi	Le mari de sa femme 2283 ****
PLAIN Belva	Tous les fleuves vont à la mer 1479 **** & 1480 ****
	La splendeur des orages 1622 *****
	Les cèdres de Beau-Jardin 2138 ******

2513

Impression Brodard et Taupin
à La Flèche (Sarthe) le 21 décembre 1988
1865A-5 Dépôt légal décembre 1988
ISBN 2-277-22513-4
Imprimé en France
Editions J'ai lu
27, rue Cassette, 75006 Paris
diffusion France et étranger : Flammarion